林峰丕——著

當忍即忍，當狠則狠，

人生不該撐著過

〔作者序〕

新鮮事，謝謝招待！

有句話說：太陽底下沒有新鮮事。

某種層面，這句話沒有錯，其實很多事情只是一再的歷史重演，除了時空轉換、主角更迭，內容了無新意。但你可想過，換了主角，變了時空，其實思維就可以千變萬化，衍生出許多不一樣的劇本來。

也就是說，只要你願意，天天都可以有新鮮事。

疫情之後這一年，我原本乏善可陳的日常突然有了一些新的改變。一個朋友推薦我看了一個叫「The DoDo Men」的Youtube頻道，裡面是兩個年輕人鼓勵大家跳出舒適圈，盡量去挑戰一些沒做過的事。他們的許多影片，常逗得我哈哈大笑。

而後，一個朋友開了Podcast（播客），聊許多她從兩個EMBA學位的專業訓練中所學到的知識，並教聽眾正確的投資觀念。我原本只是個聽課的學生，抱著純學習的心態增廣見識，沒想到有一天，這位朋友竟邀我上節目聊我的學習心得，也分享我的醫療專業。

我心想：講就講，誰怕誰。

由於播出後反應還不錯，之後她又邀我再上節目談我失敗的投資經驗及導正錯誤的理財觀，然後，無三不成禮……

她告訴我：「我覺得應該找你來當助理主持，因為你的聲音比較溫柔，跟我搭配有剛柔並濟的效果。」說真的，這樣的「讚揚」我並不是第一次聽到，但我從來沒有當真過。我以前上過很多電台專訪，百分之九十的主持人都認為我很有當廣播人的潛質，但這始終離我很遙遠，而我也並不期待有一天真能實現。

所以我也理所當然地只把她的話當作是禮貌性的客套話，沒有放在心上。我沒想到的是，她真的很大膽地把我放進她的「實驗計畫」裡，開書單給我、要我列題目出來問她、討論其實有點艱澀難懂的經濟話題……

就這樣，我跨出了自己蝸居已久的舒適圈，開始一小段全新的體驗，雖然真的只是一小段。

有位學長去年動了一個大刀，他把術前術後的心得全記錄了下來，經過這一次病痛，他對人生有了不同的體悟。他說，與其被老天爺強迫放長假，不如自己放，所以他給自己兩個禮拜去「流浪」。雖然說流浪是有些言過其實了，但他確實讓自己遠離塵囂，一個人開車慢遊了大半個台灣，讓身心靈都放了大假。

果然經過一番滋潤，回來之後也顯得神采奕奕，他還說這次沒玩透，下回反方向再玩一次，並且連離島一併玩個夠。

對他而言，這個長假是個新鮮的冒險，是人生旅程中的小小岔路，只要不怕迷途，他絕對可以看到許多不曾欣賞過的風景。其實，就算迷途，若能看到花開，也是美事。

巧的是，另一位朋友也勇敢步出舒適圈，靠雙腳一步一步繞行台灣一圈。他每天在臉書上Po出風塵僕僕的行腳紀錄，沿途很多人幫他加油，甚至提供他飲水與食物，讓他無比感動。雖然有時必須因為工作小小中斷一下，但只要一結束，他立刻驅車回到上一次的斷點，繼續徒腳旅行。

辛苦是他預期中的事，甚至比他想的還要累，但他不願放棄。他知道，走完這一趟，他會收穫滿滿。

他們做的也許都是別人做過的非新鮮事，但對他們而言，這些事絕對新鮮到出汁。

其實，跨出舒適圈不一定只限於肉體，思維也一樣可以。我們對於日常生活中的大小事，如果只依循著舊有的錯誤觀念在面對，很可能會像一隻不停踩著滾輪的小倉鼠，怎樣都跳脫不了失敗與失望。如果你願意，其實每天的每一件事都可以讓你有機會跳出舒適圈來思考，即便失敗，大不了換一條路走，相信我，生活會變得有趣許多，見招拆招之後，你甚至可以微笑地說：謝謝招待！

這本書裡有你我都可能面對的生活情節，我提供的是一種跳開舊把戲的視角，正不正確見仁見智，重點是我不想重複失敗。你也可以有你的新見解，只要你經常換位思考，還怕天底下沒有新鮮事？

CONTENTS 目錄

Part 2／愛情和婚姻，不在表面的光鮮

Part 3／人性，經不起考驗

Part 4／好好「說話」，好好「聽話」

Part 5／認識自己，善待自己

Part 1

資歷靠累積，機會自己創

沒有三兩三，不能上梁山？

一個從四、五歲就來讓我看牙的孩子，一年前來看牙時，已準備以他的實驗計畫出國參加比賽，如若得獎，就可能得到出國深造的機會，對他的人生會有重大變革。

但說實在的，他小時候並不是個討喜的孩子。

他們四姐弟每次由媽媽拎來看牙，總是把候診區當成遊樂園，像猴子般跳上跳下，不僅讓我看了刺眼，也讓其他病人側目。當我完成治療送走他們，總會在心裡念句阿彌陀佛鬆了口氣，彷彿結束一場災難。

當時的我，真不覺得這幾個孩子可愛，也沒預期他們將來會有什麼「傑出表現」。日子過得很快，三年、五年、十年就這麼過去了，幾隻當年被我視為小猴兒的頭疼角色，紛紛褪去稚氣，上大學的上大學，出社會的出社會，頗有脫胎換骨的況味。

這個孩子選擇了一條跟其他兄姐不一樣的路來走，他沒有上一般高中，反而念了一所離家很遠的職業學校。那時我對他的抉擇有點不解，但她媽媽倒是挺支持他，她覺得兒子知道自己的興趣跟能力在哪，她不想勉強孩子去屈從世俗，做他們不喜歡的事，對任何一個孩子她都抱持同樣的態度。

離家之後，他來的次數少了很多，只剩寒暑假的定期洗牙。但每次回來，我都看到他的蛻變，他變得愈發成熟懂事，對任何提問都回答地有條有理，態度也謙和有禮。我跟助理都覺得這孩子真是長大了，完全跟小時候那隻小猴子聯結不起來。

他說他開始跟指導老師進行一個研究計畫，雖然老師覺得他缺乏實務經驗，但很欣賞他的創新想法，願意給他機會參與這個計畫，如果實驗進行得順利，他們也打算拿出去參加國際比賽，如果得獎不但可以申請專利，甚至會有學校提供獎學金讓他出國學習。

看他說得信誓旦旦，很替他感到開心，我一直以為他一定會一帆風順，達成他的目標，迎接人生新的里程碑。

今年他再來時，我問他計劃案進行得如何了，什麼時候要出國比賽拿金牌？

「我退出這個計畫案了。」他很平淡地說，好像在說一件跟他無關的事。

為什麼？為什麼？為什麼？我跟助理的異口同聲如同回音一般在診間迴盪。

他說他跟指導老師大吵了一架，因為老師認為他的計畫太不切實際，他則堅持只有這樣才能走出跟別人不同的框架，結果老師就冷凍了他。他知道自己再待下去也沒有意義，於是自行求去，離開了這個研究計畫。

他說老師在背後批評他不知道自己幾兩重，還不會跑就想著要飛，是標準的眼高手低。他只是不明白，當初老師賞識的，不就是他創新的想法嗎？怎麼現在就成了眼高手低、不切實際？

我問他接下來有什麼打算？他說他會先累積一些工作經驗，再看看有沒有繼續深造的機會。

這當然是眼前最務實的路，他其實看得很清楚，也有了定見。我覺得這樣的挫折或許對他也不全然是壞事，也許多轉幾個彎，會看到更美的風景。地球是圓的，有哪條路是絕對的冤枉？

他或許資歷還太淺，但沒有三兩三，真的上不了梁山？我

> 挫折不全然是壞事，
> 也許多轉幾個彎，
> 會看到更美的風景。

不這麼認為。現在的科技日進千里，太多的事業體是在一夕之間就發生了重大轉變，如果腦袋不夠靈活，很可能就會消失在時代的洪流中。他需要的可能只是多一點的時間跟願意等他發光的地方，但一定不會是百年孤寂。

他離開時還是很陽光的跟我們道謝，沒有半點黯然。這很好，會成功的人不花精神沉緬在沮喪中，我在他身上看到了這個特質。

創造差異性，讓客戶非你不可

診所附近一家便利商店的店長，是我們的熟客。有一次他來看牙，我問他：「每次經過你們家都看到好多客人，你們的生意怎麼那麼好？」

「其實現在便利商店很難經營，你看我們來客好像不少，但說實在的，我賺的錢換算時薪不會比一個上班族多多少。」

「如果你都這樣，那別家看起來冷冷清清的怎麼辦？」

他笑了，我知道他其實是客氣了。他告訴我因為知道便利商店很競爭，所以他必須想辦法拓展商機。他們的店旁邊剛好有一家規模不小的電子公司，有一間家事法庭，還有一所國中，他就鎖定這三大客源，讓他們成為忠實客戶。

因為他知道這三個機構都有大量員工或教職員，而這些員工也常去他們家買咖啡（咖啡是便利超商很重要的獲利來源），於是他告訴這些來買咖啡的客人，要是他們單位有集體買咖啡的需求，他可以幫忙送。這對這些機構有很大的吸引力，像電子公司的很多部門常常會開會，開會時一定是人手一杯咖啡，所以對咖啡的需求是很大的；而老師辦公室裡也常會有早午茶或下午茶時間，很多年輕的老師也都喜歡來杯咖啡。

做出市場區隔，
就是賺錢的契機。

經過這麼口耳相傳，他光是接這三個機構的咖啡訂單，生意就火得不得了，雖然常得苦了他們的店員跑腿送咖啡，但店員有額外的績效獎金可賺，也跑得很甘願。

這是他自己跟同業做出的市場區隔，既然便利商店這麼競爭，他就要跟別人有些不同，而這個不同就是他賺錢的契機。

無獨有偶的，我家附近一個社區有位家庭主婦也有類似的生意頭腦。

她本身很愛烹飪，也是她的拿手強項，嘗過她手藝的無不稱讚。她有感於同一社區裡有許多老人家可能獨自在家，中午時就隨便到外面買個便當果腹，晚上才能跟家人共餐。但外面的便當或自助餐總是重油重鹹，實在不是健康的選擇，於是她靈機一動，在社區公布欄貼了張公告，說若社區中有人需要她幫忙做午餐便當，她可以代勞，費用也相當合理。

剛開始只有少數人來詢問，後來吃過的人發現她的便當不但好吃，而且菜色豐富多樣，營養均衡分量充足，大家開始「呷好道相報」。原本只打算做五個便當就好的，接單開始突飛猛進，居然在短短一個月內增加到三十個，讓她不得不開始婉拒訂單。

她不希望因訂單增加就降低品質，而且她只想單純地服務同一社區裡的鄰居，沒想到社區外的其他民眾也有人打電話來詢問訂餐的事，這回響讓她嚇到了，原來有同樣需求的人這麼多，出乎她意料。

現在她只限量接單，生活就已充實無比，而且還能幫自己創造一份不錯的收入，因為她知道哪裡可以買到又好又不貴的食材，也懂得以量制價，可以將成本壓低。她沒想過以一個家庭主婦的身分，居然可以開創屬於自己的一個小小事業，又助人又利己，她完全樂在其中。

有時候我們會抱怨，一樣在工作，為什麼有人就是可以做得比較成功，過得比大部分的人更精采？問題在於你能否想出一些跟別人不一樣的點子。這需要一點觀察力、一些獨到的嗅覺跟願意改變的執行力。這與智商高低沒有絕對關係，而是你能否從尋常生活裡淘洗出別人沒看見的砂金。

有時候機會靠自己創造，你無須等它來敲門。

滾石不生苔，是好還是壞？

一個親戚的小孩來看牙，大學畢業兩年多，已經換了六七個工作。

這種狀況要是看在老一輩人的眼裡，一定是猛搖頭，說這孩子沒定性，一年換二十四個老闆，肯定成不了大器。

在傳統的就業觀裡，最好能待在一個企業裡，從一而終，從畢業做到退休，才能累積資歷獲得升遷。這種觀念在二三十年前的就業市場裡或許是金科玉律，但放眼現在，有百分之八十的傳統產業已經消失，這樣的觀念是否還正確，我其實很懷疑。

這孩子的媽媽是我一個遠房表姊，對他頻換工作也不以為然，但這孩子挺有想法，他覺得自己還年輕，若不趁年輕多去嘗試不同類型的工作，怎麼能知道自己真正想做的事是什麼？

這讓我想起我的當年。

我們那時對自己未來志向真的很清楚的，應該不會超過五成，大部分的人還是在摸索中前進。大學的選填志願對我來說只是把所有第三類組的科系依照分數由高到低填一輪，最後看自己落到哪裡就去唸，至於這是不是自己想要的、喜歡的，似乎一點也不重要。然後就一路把書念完，進入職場就業，也這樣過了二十多年。

應該這麼說，我們是很認命的一代，但現在的孩子並不需要這麼為難自己。他們的眼界比我們開闊許多，也更容易了解世界的脈動，再不會有「明日隔山岳，世事兩茫茫」這樣的無奈與感慨（我想杜甫如果活在今世，也不會寫出這樣的詩句了）。有太多新鮮的事物攤在他們眼前，實無必要一生只守著一件事來做。

所以多試幾種工作又何妨？只要工作態度是對的，職業道德不淪喪，為什麼不能換？或許你會說：滾石不生苔，一直換工作累積不了資歷與經驗。這個世代裡，事業的汰換率已經高到讓人掉下巴的程度，很多公司可能一眨眼就消失在地球表面，你想要累積什麼經驗？你確定你累積的經驗能有什麼幫助？

重點在你能否很快地融入新的工作並跟上軌道，否則累積再多的工作經驗都可能是徒勞無功。

很多家長常以自身的經驗來幫孩子下指導棋，告訴他們你該選哪個，不該選哪個。但除非這些家長很能夠跟上瞬息萬變的世界潮流，不然你的意見在孩子念完大學時可能已經不再受用。我有個朋友多年前希望他兒子選讀化工系，因為他覺得將來的出路比較大，結果現在他的兒子走的是完全不一樣的路。他說自己好像差點毀了兒子的前途，好險他兒子畢業後依自己興趣又去讀了商業方面的課程，也成功轉行，現在生意做得有聲有色。

家長當然不可能想毀了孩子的前程，但當你說出：「我這樣都是為了你好」時，你真的有百分之百的把握，自己的建議顛撲不破？

年輕就是最大的本錢，這是很多人琅琅上口的話。而年輕的特權就是可以有許多試誤的機會，你未必要一次就

有能力又敬業的人，
被放在任何一個位置
都能一展長才。

成功，那也可能蒙蔽了你的警覺心，讓你輕忽了風險。人生能有幾次嘗試不同工作的機會沒什麼不好，如果買食物可以試吃，買衣服可以試穿，工作為何不能試做？一個公司給你的試用期不應只是他們對你能力的觀察，同時也是你對這份工作能否全心投入的評估。如果做的事不是你真心喜歡，離開並不可惜。

有能力又敬業的人，被放在任何一個位置都能一展長才，沒有什麼框架能限制住他。職場最怕的是沒能力又眼高手低的人，有一千個工作也不夠他換，認清自己是怎樣的條件，就不必在乎是否從一而終。

人生不該撐著過，轉換心態才能樂在其中

我算是Line的極輕度使用者，但即便如此，還是有幾個非加入不可的群組，偶爾打開群組消化一下累積已久的未讀訊息，看到最多的除了問候的長輩圖，就是很多人會說：「再撐一下，明天就要休假了。」或者：「又是煩人的星期一，好厭世……」

我雖然偶爾也會有職業倦怠，但說實在的，在人生大半的工作時間裡，我很少這麼灰色的看待工作。為什麼要撐著等休假？是因為這工作太無聊？太繁重？還是人事傾軋太難耐？不然為何要撐？

人的惰性是常態，能樂在工作的畢竟是少數，但要我一輩子都要以「撐」的心態來面對工作，那真會生無可戀。如果這個工作讓你那麼痛苦，為什麼不趕快換一個？難道廣大的就業市場裡，就找不出一個你可以愉悅面對的工作？

或許你會說換工作哪有那麼容易？換來換去還不是都差不多？那問題是出在誰身上？如果你的條件跟才情就是只能在一堆爛柿子裡挑，那很抱歉，這是你的問題，怨不得別人，你也只能認命。如果你自認懷才不遇、龍困淺灘，那問題也還在於你，因為你不懂得如何推銷自己，沒讓欣賞你的伯樂看見你。

就算你才情有限，就算你龍困淺灘，難道沒有辦法轉變自己的心態，好好地面對賴以維生的工作？（如果你無須靠這份工作就得以生活無虞，那大可拍拍屁股走人，不必飽受委屈）如果你短期內不可能找到更好的工作，我中肯的建議就是：調整心態、融入工作。

英國有一項研究顯示，對於工作無法勝任愉快的人比能樂在工作的，罹患心血管疾病的比例高出二．三倍！這說明了如果你一直撐在工作裡，就可能真的是在「賣命」工作了。

我有個朋友在星巴克工作，他有不少工作夥伴總是來來去去做不久，因為他們的工作又多又雜，有時還要面對難搞的客人，沒有服務熱誠的人很難長期持續。但我這個朋友卻樂在其中，一做就超過了十年。

他說他本身就很喜歡喝咖啡，所以能在一個充滿咖啡香的環境裡工作對他而言真是愉快，而他也很喜歡跟人接觸，他覺得每天能跟不同的人見面甚至小小聊個天，比老

如果你一直撐在工作裡，
就真的是在
「賣命」工作。

是同一群人待在同一個辦公室裡好多了，一點也不會無聊。他是復興美工畢業的，美術設計自然是他拿手的，於是店裡的一些擺設、黑板的商品介紹書寫都由他一手包辦。

他也很貼心，把一些熟客的喜好偷偷筆記下來，所以每次熟客上門，他幾乎都能直接說出客人會點的品項，讓客人有受到重視的驚喜。而店裡要是有舉辦特別的優惠或推出新商品，他也會以不帶壓力的方式介紹給客人，每每讓業績提升不少。

在別人看來是辛苦的工作，他卻安適自得、遊刃有餘。對他而言，每天踏進店裡都是神采奕奕，新鮮的開始。下班回家時不是不會累，但想到有那麼多客人肯定他，總公司也看見他的努力，就覺得很有成就感，累也算有代價。你想，全台灣有那麼多連鎖咖啡館，進這行的門檻想必不太高，要能在這麼競爭的行業裡做出一番成績，沒有一些熱誠是辦不到的。如果只是想把這份工作當成過渡時期的跳板，當然會覺得日子難熬。

人生漫長，不是當兵數饅頭，天天撐天天厭世，你能堅持多久？虛度生命已經夠不聰明了，痛苦地虛度更是蠢到極限啊！

每一代都有金智英，生命的出路自己找

有部韓國電影叫〈82年生的金智英〉，上映以後引發了許多議論。在韓國，男性普遍無法認同地給了差評；而女性，又一面倒地支持該片，形成一種很兩極的反應。

我看了片子以後，其實能夠理解為何會有這麼兩極的評論。

因為影片是從一個女性的角度出發，把一群這個年代出生的女性在求學、就業到走入家庭之後的所有心態轉變跟所遭遇到的困境都點了出來，很自然地觸動了這群平流層的內心，他們會有種：「啊！終於有人了解我吃了什麼苦，受了什麼罪」的感動。

但在男女地位相當不平等的韓國，男性看到這樣的電影會認為，這簡直是一整個無病呻吟的大爛片。因為從他們的祖母到母親輩，哪一個人的日子不比這個年代的女性苦？如果這樣就叫做苦，那他們的祖母及母親輩的女性大概早就活不下去了。而且若要比誰生活壓力大，男性同樣也有一堆苦水要吐，女性並沒有比較累，為什麼好像錯全在男性身上？

身在台灣的我們，雖然也還有很多進步空間，但相較於韓國，我們的兩性平權是比較到位的，所以我們在看這部電影時就能以一個比較客觀的角度來分析。八〇年代出生的台灣女性要面對的，跟這部電影裡描述的狀況其實十分類似，所以一定能夠了解作者（電影是同名小說改編的）想傳達的概念。

台灣男性呢？我認為是比較能理解女性辛苦的點，也比較沒有韓國男性那麼大男人主義，但我還是必須說，理解是一回事，能否改變現狀又是另一回事。

每個世代有每個世代要面對的難題，像我自己是五年級後段班，很多人說我們這個世代是三明治世代，上有父母要照顧，下有子女要操煩，自己還得拼命工作賺錢，絕對堪稱最命苦。但仔細想想，我們的上一輩難道不是這樣？他們難道就比較輕鬆？

而我們的下一輩也一樣有屬於他們的問題要應付，雖然父母不太需要靠他們奉養，但他們連養活自己都很勉強，怎麼買房？怎麼成家？怎麼生育子女？連產業的變動都難以預期，還有人工智慧機器人要來搶他們的飯碗，他們一樣活在一個問題多多的世界裡，說不定再過二十年，會有另一部電影叫做「千禧年後生的XXX」來闡述他們這一代的悲哀。

其實人類的演化發展中，一直有一種無法破除的迷思，即使科技再怎麼進步，這個迷思始終存在，那就是很多自認為夠資深的人總愛說：「一代不如一代。」

世界一直在轉動，每一代都有能生存下來的技巧。

我記得我小學時就開始聽到老師這麼批評我們，到了國中、高中、大學，甚至出了社會，還是聽到資深前輩這樣的說詞。然後這一套也遺傳到我們身上，輪到我們去批評我們的後輩、學生、下一代……。如果這個論調是真的，那人類的文明進展應該會停滯，甚至倒退，但事實告訴我們並非如此。

整個世界還是在快步前進，顯然我們的下一代一直都比上一代強。那為何這樣的迷思總是存在？只因為你看不慣，看不慣後輩的人不按你認為對的方式來走，你認為只有你的這一套才符合勤誠勤懇的標準。其實世界一直在轉動，每一代都有他能生存下來的技巧，生命自會找到出路，我們一點也毋須擔憂。

所以這個金智英也只是時代洪流中的一種代表性的類型，千千萬萬的金智英也都在找他們的出路。如果我們的先人能在比我們艱苦百倍千倍的環境生存下來，我們就沒有理由走不出困境。除非，我們真的承認自己不如上一代。

金智英的這一代也終究會過去，在少子化的衝擊下，下一代的故事會是什麼？我靜觀其變。

開店不能單憑一腔熱情，做足功課才能長久

我們診所一路之隔正對面的店面又在招租了，從我開業以來看到這個店面易主經營應該不下二十次，能經營超過兩年的已算長壽，最短命的還不到三個月。

我仔細地觀察了一下，發現這個店面做的生意都很有趣，有簡餐廳、早餐店、日式料理店、小火鍋店、牛肉麵店、便當店、咖啡館、燒烤店、居酒屋、水

煎包店、租書店、檳榔批發……不一而足。

發現了嗎？裡面超過八成都跟吃的有關，顯示開店的人大都認為餐飲業比較容易經營，本來嘛，民以食為天，每個人每天都需要填飽肚子，做吃的比較穩當。既然如此，為什麼一家一家開，卻又一家一家關？

做的東西不好吃。你一定第一個想到這樣的答案，確實可能。很多人開店太過一廂情願，覺得自己手藝不錯就貿然開了店，在開餐飲店這件事情上，千萬不能太自我感覺良好，不能因為自己的家人朋友說你做得好吃，你就一頭栽進去。開店跟在家裡宴請親朋是兩碼子事，你必須有熱誠，能維持穩定的水準，對食材有全面的了解，不然很難成功。

地點選得不對。這也是很常見的原因，大家都知道做生意要看地點，雖然也有人說「酒香不怕巷子深」，但除非你對自己實在非常自信，不然千萬別把店開在僻靜的地方來守株待兔。開店之前，先看看周遭環境，人流多不多？是否鄰近學校、車站、醫院、影城等易聚集人潮之處？附近有多少競爭對手？這些都可能影響你的營業額，不做研究就莽撞行事，也容易失敗。

田野調查不徹底。很多人開店只「憑感覺」，自己覺得感覺對了就把錢砸下去，為什麼不去問一下左鄰右舍呢？例如：「這個店面之前是做什麼的？」「他做了多久？」「店收起來是什麼原因？」「之前的店生意如何？」這些資料不難蒐集，也絕對值得參考。如果之前的生意就一直不太好，必然有其緣故，盡量不要誤踩地雷。

投報率的計算不精確。有的人一心只想開店，卻對經營技術一竅不通，連最基本的財務報表都不會寫、不會算、也不會看。那至少也要能精算各項成本，這樣才能抓一個合理利潤來訂出產品售價，而不是自己亂訂價格，到最後不是客人被價格嚇到完全不上門，就是白忙一場賺的都拿去繳房租水電帳單了。就算你自己不夠精明，旁邊也一定要有一個能好好記帳的人，不然絕對不要開店。

沒看準時機。這是個比較難的因素，因為有時候某些不利因素就是突然從天而降，像二〇一九年以來橫掃全球的新冠肺炎。我們對面那家店就是不慎碰上了這場疫情，結果才開了三個月的店旋即悽慘收場，雖然對他而言是非戰之罪，但很多人還是會犯了冬天賣冰夏天賣火鍋的錯，就算生意還是可以做，但業績拉不起來該怪誰？

即使生意還能勉強打平，難道不能改變一下策略，增加一些更符合時令的商品？就算最好的餐廳，也會遇上最糟的時機，如果人家能夠撐得下來，必然也有其道理。

年輕人很容易在職場受了氣就動起自己開店當老闆的腦筋，想說這樣就不必仰人鼻息看人臉色。創業不是壞事，但單憑一股衝動開店卻常壞了事，除非你的家世好底子夠硬，否則還沒賺到第一桶金可能要倒賠一桶金。學習

創業不是壞事，
但單憑一股衝動開店
卻常壞了事。

別人的經驗很重要，但你不能只看好的例子，失敗的例子一樣有參考價值，看人家成功就覺得自己亦若是，那是過度天真，你不是他，無法完全複製經驗，要跟人家的步伐，也得要學到精髓才行。

店人人會開，卻不是人人成功，有志者未必事竟成，這一堂課學問很深。

你要真的夠好，才能自我感覺良好

一個自己開公司的朋友問我：「現在的年輕人怎麼都這麼自我感覺良好？覺得公司非他不可。」

由於我也曾經在徵人這件事情上受到蠻大驚嚇，對他的問題一點也不意外。

他說他的公司用了一個出社會兩年的年輕人，表現還算正常，由於他學的是資訊，公司的網站維護就由他來負責。有一天他跑來跟我朋友說：「老闆，我想要求加薪，我覺得我的薪水太低。」

我朋友自認他給的待遇絕對在平均值之上，而且這個年輕人才做了三個月，實在還沒有能讓他想要加薪的誘因。他告訴這個員工請他不要急，如果他的表現能讓公司有實質獲利，他自然會在適當的時機幫他加薪。

這個答案顯然沒有讓這個員工滿意，他充滿挑釁地說：「如果你不加薪，我可能做到下個月就要離職。」

我的朋友不是第一天開公司，但遇到這樣霸王硬上弓的員工倒是第一次。他雖然沒把話說死，但還是希望這個員工再好好想一想，現在工作並不好找，如果他貿然辭職了，未必能馬上找到更好的工作。

年輕人並沒有領情，還是決定要離開。我的朋友只能趕緊找替代的員工，剛好有個員工說他侄子也在找工作，可以讓他試試看，稍稍解決燃眉之急。他說那個年輕人似乎覺得他的加薪要求一定會被接受，一副挾天子以令諸侯的氣勢，難道他真的覺得老闆一定非他不可嗎？

年輕人有自信是好的，但虎膽也要有妙算來配才會相得益彰，否則很容易流於過度自信。何謂妙算？就是不做沒把握之事，並且把能掌握的事做到最好。

如果你真的很有本事，也確定會找到高枝可棲，那找老闆協商加薪並非錯事，但先決條件是你一定要讓老闆看到你的優勢、你的價值，而不是只唱空城計虛張聲勢。因為老闆也是需要被教育的，當老闆知道你的重要性，知道一旦失去你對公司的影響有多大，那他自然要衡量給予你的待遇。有些老闆活在自己的世界裡太久，總是站在給予者的立場，忘了公司也得仰賴員工來成全。

但如果你還處在累積經驗的階段，請你好好地投資自己、充實自己，千萬不要急著玩跳棋的遊戲。這個世界不會停止運轉，沒有失去誰就一定活不下去的那種事（除非那個公司已經病入膏肓、全身麻痺，那你也老早該跳船另謀生路了），世界可能比你想像的小很多，倘若你建立了一個不好的口碑，對往後的謀職之路會埋下什麼負面因子？你未必知道。

在面對各種變化下都能生存的人，才能立於不敗之地。

人貴自知，有時候，知道自己有幾兩重比埋頭苦幹還要重要。如果你是「有幾分努力，就有幾分收獲」的忠實信徒，在這個時代很可能會被打得滿頭包。因為你可能在沒有弄清狀況之下就用錯了蠻力，結果再怎麼努力，還是做白工。如果你真的很有能力，也想恃才而驕，至少得讓人知道你的底子有多深，而不是只靠耍嘴皮。

在這個任何產業都無法預測自己能維持多久榮景的時代，不論你是當老闆還是當員工，都必須清楚自己沒有絕對的不可取代性（未來很多勞力型工作勢必會被AI科技取代），你只能像變形金剛般把自己訓練成可以在面對各種變化下都能生存的人，才能真的立於不敗之地。

自我感覺良好或許不是壞事，如果你真的夠好。

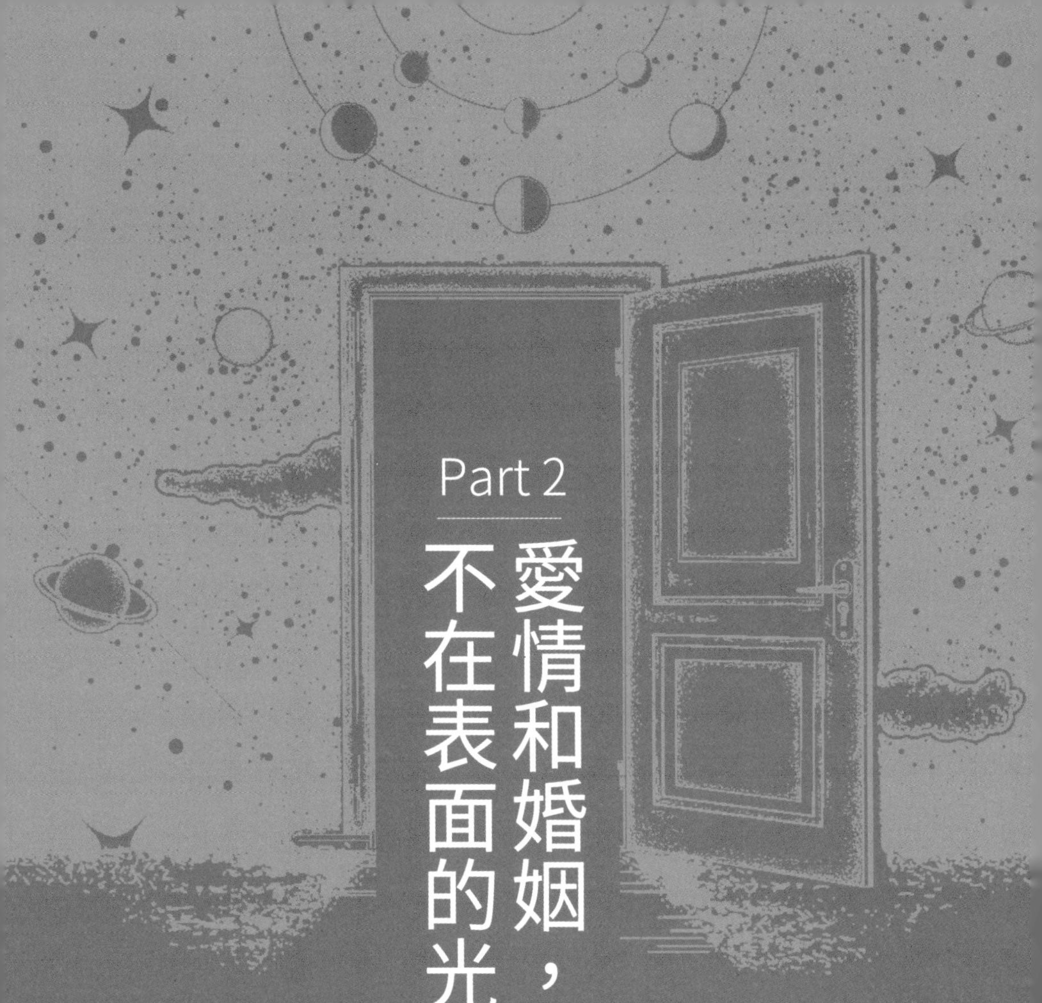

Part 2

愛情和婚姻，不在表面的光鮮

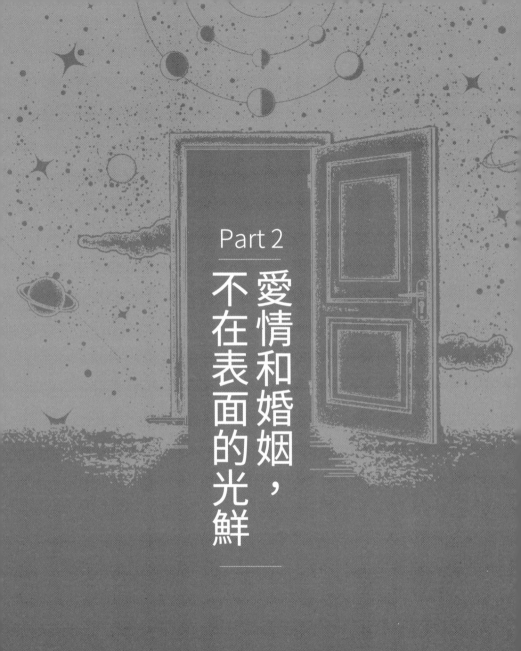

做一個給人信心與勇氣的獨身大齡者

幾年前一首由金曲歌后彭佳慧所唱的「大齡女子」，被呂秋遠律師批評得一無是處、慘不忍睹。呂律師批的當然不是歌藝，而是那被說成「無病呻吟」的歌詞。

細看歌詞，如果以理性角度分析，真的就像呂律師講的，讓人覺得「很光緒年間」，或是「清末民初」。但其實不可否認地，還是有不少女人即使嘴上打死不認，但在四下無人的深夜，內心的馬里亞納海溝也曾泛出歌詞裡的那一段：「我們誰不曾盼望，有一份好歸宿，能夠直到永遠，幸福啊不會被攔阻。總有一天可以被所有人羨慕，真愛也許只是遲到一步。」

即使她們也覺得這樣的觀念很過時，但就是阻止不了這偶爾竄出的騷動。或許這可以解釋為什麼這首歌觸動了一些「剩女」的心，雖然這個名詞一樣充滿歧視、令人反感。其實社會上還是普遍存在著：

「啊，你／妳怎麼這把年紀了還不結婚？」

「不結婚將來老了怎麼辦？會很可憐啊……」

「這個人到現在還不結婚一定是有問題，不是心理有病就是身體不行，要不就是同性戀！」

「她就是太強勢了，所以沒人敢要。」

「她／他該不會是在搞不倫戀吧？會不會是當別人的小三／小王啊？」……要不是這些奇怪的評斷與耳語，怎會讓本來可以抬頭挺胸闊步向前的獨身大齡者總抹不掉一絲黯然？

而評論者居然還顯擺地說自己只是關心，絕無歧視。

我刻意用上「獨身大齡」者，因為這樣的背後批判絕不由女性專享，男性一樣面臨相同的歧視。如果你不是獨身大齡者，真的無法體會我們究竟要用多少力氣去刻意忽略那些前後左右四面八方亂射而來的無形箭。

你或許會說，何必管別人說什麼，過自己的日子就是了。問題是這些聲音不是一兩次就停，在有生之年你只要仍在社交圈打滾，幾乎無法不去面對。他們不全是來自不相關的人，有些甚至是至親好友，就算很想置若罔聞，心情怎可能完全不受影響？就算已經練就一身硬繭，每聽一次還是會有新的傷口。

如果身邊又沒有一兩個跟自己「處境」相仿的友人相互支持取暖，單憑自己薄弱的消極抵禦力要去對抗一整個太平洋環流，就算滅絕師太或獨臂神尼也會有累到想逃的時候。

不是孤獨，無關寂寞，而是心累。

我記得有一部很熱門的日劇「逃避雖可恥但有用」（日語：逃げるは恥だが役に立つ，台灣翻成「月薪嬌妻」），戲裡土屋百合一角恰恰符合我們所討論的單身大齡。某一集裡她有感而發的說了：

「像我這樣上了年紀的獨身女，能被社會需要、能給予人勇氣，如果那個人能因此努力奮鬥，自己也好像變得更有幹勁了。能讓現在正獨自生活的人，還有害怕獨自生活的年輕女生想到『你看，不是還有那個人嗎』、『她看起來很快樂啊』，自己多少也能安心一些吧？所以，我覺

不是孤獨，
無關寂寞，而是心累。

得我一定要帥氣地活著。」不知打動了多少同級生，回響之大超乎想像。

這段話令我感動的地方是，這位演員石田百合子本身就是單身大齡，所以台詞根本就是在說自己，說完台詞後的掛臉清淚完全不是戲，你可以感受到這正是她發自肺腑的自我打氣與療癒。

如果，社會上的歧視不可能消失也揮抹不去，所有獨身大齡者請將此段話奉為圭臬，心累的時候看它一回，就會知道自己並不孤單，而得到一些力量。

然後，就能離光緒年間更遠一點。

備好你的耐心，慢熬一鍋美味的愛情湯

你有沒有發現自己越來越沒有耐心看完一本書、讀完一份報紙、聽完一張CD、翻完一本雜誌？

如果答案是肯定的，那你可能也得到「耐心不足症候群」。

拜科技之賜，我們獲取資訊的速度越來越快，也讓大家越來越失去耐性。只要無法滿足對速度的要求，常常就被棄之如敝屣。但一味地追求速度，是不是也失去了很多等待過程中的樂趣？

前幾天在電視裡看到一個介紹美食的節目，大廚師在說明熬一鍋好高湯的步驟，從挑牛大骨、老母雞開始，多少水，多少蔬果，要熬多久，大廚說一點也不能偷工減料，否則湯就是不到味；他說得很認真、很仔細，我聽得很入神，感觸也很深。

原來，一鍋好湯是需要時間的，沒有偷吃步。

幾年前我去了一趟東歐，途中經過匈牙利的一個小鎮特克，鎮上很多民眾都經營酒莊，我雖不是品酒一族，也還是進了一家酒莊參觀。老闆很熱情的介紹他們的紅白

一味地追求速度，
是不是也失去了很多
等待過程中的樂趣？

酒，對他們生產的酒有絕對的堅持與自信，從葡萄的選擇，橡木桶的材質，酒窖的溫度，釀製到熟成的過程，沒有一項不需要斤斤計較。我啜飲一口，溫潤飽滿的口感，果真讓人嘴角上揚。

原來，一杯好酒是需要時間的，沒有速成法。

曾經，我也參觀過土耳其的地毯工廠，你可知道一張大的蠶絲地毯要編織多久嗎？少則三年，長到五年的也不誇張。從養蠶取絲到聚絲成線，從確定圖案到開始織毯，任何一個步驟都不能馬虎，只要有一條線用錯，都足以毀掉一張成品，而且必須全部靠人工，無法由機器代勞。看著一張張完美的地毯展示在眼前，我想如果知道它是這樣製作出來的，很多人大概不捨得踩在上面吧？

原來，一張好毯是需要時間的，沒有急就章。

從醫這些年來，遇到的病人五花八門，但有種訴求卻是幾乎一致，那就是希望自己的牙痛能瞬間消失、立刻根治。我的回答常常是：我只是醫師，不是神；就算是神，也沒有仙丹妙藥可以讓痛牙瞬間變好牙。

平時不好好保養，牙痛自然是身體對你的抗議與反撲，如果能讓你剎那解決，那更沒有人要用心呵護自己的健康。一旦進入治療階段，原本就需要一定的時間來復原，所有麻醉與止痛藥都只能暫時緩解，絕不會立刻康復。

但是病人往往沒有耐心，只要仍痛就懷疑治療的效果，只要仍痛就認為醫師的醫術不高明。遇到這樣的病人，我通常也不辯駁，如果他真的這樣想，沒有人能扭轉，我也只能祝他找到神醫。

對身體沒有耐心，同樣也反應到談感情這件事上。約會軟體的風行，一夜情滿足了需索歡愉與排遣寂寞，年輕男女對於經營感情的熱情與能力也逐步下滑。

的確，若點一點ＡＰＰ就可以成就一段露水姻緣，誰還要慢慢追趕跑跳碰？

只是激情過後，又回到手機上的尋尋覓覓，空虛感還是如鬼魅般糾纏，不但不信任網路上的虛情假意，也很難建立正常的感情互動，始終像一縷飄忽不定的情愛幽魂，對何時能安定泊岸不具任何信心。

小時候玩躲貓貓的遊戲，當鬼的人要趴在柱子上從一數到一百，才能開始抓人，這是個考驗耐心與誠實度的兒戲；從一到一百，還是必須歷經二、三、四、五、六……，沒有跳躍、不能縮水。這個遊戲你我都玩過，現在我們要開始重新學習如何耐心地從一數到一百，不是只想著一蹴可幾。

也許多了這一分的耐心，我們的世界會變得不一樣。

別把感情變成驚悚災難，和平分手需要智慧

我常常在想，為什麼很多人談戀愛談到最後，就會變成一場很難收拾的驚悚災難？

兩人熱戀時的火熱濃情，燒到最後不但灰燼不剩，反而變成讓船撞沉的巨大冰山，不是他變了，就是你變了，要不就是兩個都變了。

變了未必是不愛了，而是生命裡出現了更愛或更想追求的人事物，於是對方就顯得沒那麼重要。變的人不把話說死，或許是不敢，或許是要留一條後路，也或許還有一絲依戀，但無疑是走在一條危機重重、後勢堪慮的桂河大橋上。

變的人想偏安粉飾太平，但另一半也不是傻蛋（當然也有那種一直睜隻眼閉隻眼維持恐怖平衡的怪咖），怎麼會感覺不出異樣?選擇暫時按下不表並非容許狀況一直持續下去，而是正在觀察後續發展或等待對方出招。耐不住性子的人就會採取行動，只要追出證據，哪怕只是隻字片語，攤牌時刻就會到來。

感情的事通常複雜很多，不像打牌把牌一攤、帳一結，就能重啟牌局。

攤牌，意味著要結束這一牌局，但感情的事通常複雜很多，不是把牌一攤，看看誰輸誰贏，就可以把帳結一結，重啟牌局，雖然心虛的那一方很希望事情能這麼單純。

繼續刨根究底，表示還對這段感情抱存一線希望，如果對方能給出一個合乎情理的解釋，關係就還留有一盞微弱的光明燈。如果連問都不想多問，直接選擇失聯，那就表示連解釋的必要都沒有，直接斷根，但斷根不代表不會有反擊，有時反擊的後座力遠超乎你想像。

就算最後勉強維繫住關係，只怕這段關係也已猶如汪洋中的破小舟，隨時都可能沉沒。被挽留的一方心裡會有很重的陰影，不管對方怎麼獻殷勤，都無法換來安全感。有的嘴裡說原諒，心裡卻不斷翻舊帳（甚至口頭上也是），根本回不到從前，我覺得這是在懲罰自己。如果你自知不夠大器，沒有完全原諒的度量，那還不如瀟灑分手。

要吞下就不要再反芻，否則你一定會飽嚐胃食道逆流之苦，灼痛不已。

至於變成驚悚災難，多半出於心不甘情有怨，想為自己逝去的青春與心血討回公道，所以極盡所能進行報復。我想說的是，如果你曾經在這段關係中獲得幸福快樂，那就放下吧，毀了對方你又真能奪回什麼？別忘了青春小鳥是一去不回頭的，如果你一直周旋在報復的情境裡，歲月只會繼續虛耗，不會令你回春。

要讓一段感情不以災難作結，要麼兩人永遠不要變，要麼和平理性地分手。我不會不切實際地要大家永不改變，畢竟人心的轉變是恆定的道理，但要和平理性分手，確實需要一些智慧。除非你覺得你一定找不到更適合你的人了，不然為何要浪費時間在眼前這個被你唾棄的人身上？你不覺得已經浪費夠多了嗎？還是你覺得浪費的還不夠多？

歲月是把殺豬刀，但也可以是把雕刻刀。有的人經過歲月的洗禮後變得面目可憎，那是因為他不斷用仇恨解決一段又一段的感情，殺得對方體無完膚，自己也一樣傷痕累累。也有人可以把自己修飾得更加體面動人，那是因為他懂得把自己過多的稜角削去，不帶累贅地向前邁去。誰沒有過去？如果留在過往情人腦海裡的都不是壞事，說的都不是壞話，跟我說這樣的人會得不到幸福，我真的不相信。
感情裡的世界和平，你自己才是關鍵。

誠實面對婚姻，就算傷疤也能成為光榮勳章

有個學弟在臉書上發布了離婚的消息，這對於向來愛在臉書展現最好一面的使用者來說，確實是個很特別的異數。

其實我很佩服他，要在別人的面前揭自己的傷疤，需要很大的勇氣。尤其他還曾在自己的臉書PO過婚宴婚紗照，大大方方地展現幸福洋溢的新婚喜悅，讓很

多人欣羨不已。沒想到才過幾年，一切都變了調。

婚姻裡的問題本來就不是外人能一窺究竟的，每樁婚姻都有許多暗礁與陷阱，也沒有統一的巡航之術可以順利安全地走完航程，只能自己邊走邊摸索，小心迂迴閃避。

但就算你再小心、技術再好，也不見得就不會擦撞冰山或觸礁，婚姻失敗若是不得不然，也還是必須好好過生活，不能搞得像世界末日。人生裡總有些風風雨雨、高潮低潮，我始終覺得，如果婚姻的失敗發生在年輕的時候，還算是幸運的事，年輕本身就是最大的資本，受得起傷、經得起跌，只要好好療養，還是能重新回歸人生的常軌。

但這畢竟是個痛苦的過程，自己躲起來暗暗療傷都已經不是易事，還要自曝在朋友面前，內心的掙扎更是可想而知。這個學弟自我剖析了婚姻裡的種種障礙，他是如何地想跨越卻又跨不過去，如何在妻子與岳家跟自己原生家庭之間多方角力之後無功而退，終於在兩人身心俱疲下協議離婚。

他們彼此都知道對方已經做了最大的努力與妥協，還是沒辦法消弭兩家之間的歧異，這個決定雖然痛苦，卻是可以讓兩人都從深淵跳脫開來的唯一方法。所以兩人雖然簽字離婚，但完全沒有惡言相向，甚至兩人還是維持著友好關係，互相祝福。

他PO出兩人離婚後還相約吃飯的照片，看起來還是金童玉女的模樣，完全不同於一般印象中的「怨偶」。他在臉書上寫下：「久久見一次面，但是彼此間有著說不完的話，分享著彼此的生活近況，交流著分開之後的成長與改變非常開心，也非常感謝。這是一個很奇妙的人生際遇，雖說我們彼此並不是情感的最終歸屬，但是能夠不帶仇恨，瀟灑的分開，還能夠彼此珍惜這樣的友誼並持續進步，我想這應該也算是彼此人生最大的收穫了吧？期許彼此來年都能更茁壯、更成熟，能有更多更好的心得彼此分享交流。一定很有趣吧？我是這麼期待著的……」

我在想，身為雙方的家長看到這一段，難道不該感到羞愧？有什麼比讓自己的孩子獲得幸福還更重要？

而計較到頭來，又真能贏回什麼？在我看來，這些愛計較的父母最終還是必須跟孩子妥協，他們終會老去，終究無法掌控孩子的人生，這些風風雨雨到最後看起來也就是一場鬧劇。

還好我這個學弟願意正向處理，站起來、走出去，因為逃無可逃，因為日子還是要過，他選擇讓一切如常運轉。既然婚姻破裂不可能隱瞞一輩子，與其隱匿避談粉飾太平，不如大大方方宣告，有時候外在的力量會敦促自己加速復原，不啻是件好事。

你要把傷疤當作見不得人的醜陋印記，它就永遠會像

若把傷疤視為戰勝自己的光榮勳章，它就能成為你成長茁壯的養分。

鬼魅如影隨形；你要是把它視為戰勝自己的光榮勳章，它就會成為讓你成長茁壯的養分。只要錯不在你，何必遮掩？婚姻不是不能容許失敗的事，只要你認真對待過，失敗就不可恥，不管你要不要再面對一次，你都朝幸福邁進一大步。

最高級的浪漫，在有與沒有之間

只要情人節一到，很多廣告就會輪番轟炸，像什麼鑽石、金飾、名牌對錶、巧克力等，爭相搶食這塊大餅。說是大餅，一點也不為過，電影院、餐廳、遊樂園甚至高級摩鐵，到處擠滿了愛侶，有的等上兩三小時也甘之若飴。

為何？就為了一展浪漫。

這浪漫財真是太容易發了，許多人前仆後繼搶著掏腰包，要給情人滿懷的浪漫。以這樣的盛況推斷，照說台灣的情侶（包括夫妻）應該都要感受到另一半的浪漫，但我其實常常聽到朋友圈裡抱怨自己伴侶不浪漫的聲音，分貝之大，讓人無法忽視。

有些人的浪漫並非天性，是在有目的的條件之下才勉強裝出來的，這樣的浪漫只要在目的遂行之後，當然就會跟著消失。所以有的人在婚前或許浪漫，但婚後便露出原形，因為婚已結了，不怕你後悔，當然也就不必再演戲了。對於某些老夫老妻，更是早已不識浪漫為何物。

如果雙方都同時「與時俱退」，倒也無可埋怨，最怕就是一方冷卻，一方卻還抱著高度期待，齟齬當然就會發生。

強摘的果子不會甜，逼迫一個生性不浪漫的人非得浪漫不可，除了讓彼此吃足苦頭，別無好處。而且，誰說浪漫一定要綁著另一個人？如果你真的非浪漫不可，一個人也可以爽爽的浪漫。

之前一個病人來看牙，對我們長吁短嘆，說禮拜天就是母親節，她不知道兒子會不會完全忘記這個日子不幫她過節？如果真是這樣，她要不要乾脆那天就自己去逛百貨公司算了？

我說這樣想就沒錯了，與其一直在等待別人幫妳過節，一顆心懸在那兒，失望了又獨自生悶氣，為何不把快樂權掌握在自己手裡？怕別人不幫妳過節，那就自己過呀！母親節如此，情人節當然也可以如此。

你的情人（或另一半）不浪漫，而你又好想浪漫，那你就自己去尋求一個人的浪漫。找一家氣氛好的咖啡廳，悠閒的喝杯一個人的咖啡；買一個自己一直想要的禮物犒賞自己（能花另一半的錢更好）；搭捷運到淡水，坐在老街的堤岸，看看美得如畫的落日，順便吃碗魚丸湯，也是個很浪漫的午後，誰說浪漫必須兩個人？

還有人認為浪漫就是要花大錢，這點我也不是十分認同。有錢人當然比較容易有不同花樣的浪漫，若口袋實在不夠深，找個清靜的沙灘坐著聽海，或上山看百萬夜景，這些都不會花你什麼錢，但浪漫程度一點也不輸人。老實說，有錢人的浪漫多少有炫富的意味在裡面，主要是希望引來別人的注目與艷羨，這樣的浪漫搞多了，新鮮感會遞減，如果之後沒下更猛的藥，很難會再創感動。試想每次過節都是收到一束花，吃一頓燭光晚餐，收一個名牌包或一枚戒指，再怎麼浪漫也會漸漸變得公式化而無味。

浪漫其實建立在行有餘力、沒有大憂慮的狀態下，如果你飢寒交迫、工作無著、遭逢家變、病痛纏身，說真的

浪漫建立在行有餘力、
沒有大憂慮的狀態下。

我不認為你會有想浪漫的心情，因為解決人生難題就足以令你心力交瘁。浪漫？你只會想滓他口水。

所以，如果你還有浪漫的能力，那代表你過得還不錯，還有閒工夫挑三揀四、編派一下另一半的不浪漫，這也還算一種幸福。

如果問我什麼浪漫最高級？我會說：不預期，在有與沒有之間。

當婚姻變了調，何苦死抱著沒用的救命繩？

數十年來爭論不休的通姦除罪，終於在今年由大法官會議敲槌定案了。我們在這件事情的執著，真的是落後了世界很遠很遠。雖然定案了，但很多人顯然無法接受，仍然陷於錯愕與憤懣之中。

他們（大多數是女性，且是已婚）所死抱的推論是：完了！通姦除罪之後，老婆唯一的武器沒了，這勢必會大大鼓勵外遇的行為。但有一些簡單邏輯概念的人很快就能推翻這樣的論點，我們的通姦罪存在了這麼久，外遇事件有少過嗎？除了圖利了許多徵信業跟律師事務所，並沒能有效遏止外遇的發生，從來沒有。

既然無效，又何必死抱不放？難道只是對自己的婚姻沒有信心，所以必須找一條救命繩，給自己假裝的安心？況且，婚姻是家門內的事，怎麼會把家事交給刑法來處理發落？如果我們容許國家把鍘刀伸進自己家門之內，那會是多可怕的一件事？我們又不是集權國家，為什麼家裡的私事要變成可能坐牢的事？

更諷刺的是，這些提告人（大多是元配夫人）最後又多半對自己的另一半撤告，所以也就形同只懲罰第三者的條款，而法官又多半判處六個月以內的刑度，也就是可以易科罰金，而這罰金又多半都是由提告者的另一半支付（有的甚至還是提告者自己付的），這樣到底懲罰到了誰？有任何意義嗎？

反對的人認為：婚姻的最後一道防線沒了，以後再沒有人為他們伸張正義了。請問一下，處罰了小三或小王，卻放過自己的配偶，這叫什麼伸張正義？難道外遇是一個人就可以造成的嗎？而且這個正義的意義何在？幫你出了一口氣，讓你從此家庭幸福？還是能保證你的配偶絕對不會再有下一次？

這些答案都是顯而易見的。當你決定提告通姦，夫妻的關係就再也回不去了，就算你對配偶撤告，他就會感激涕零地回到你身邊嗎？你會不計前嫌重新接受他嗎？如果不會，通姦罪的存在到底給了你什麼保障？

你說：難道要眼睜睜地看著那廝稱心如意？這是個好問題，一、雖然刑法廢了，但民法沒有，你還是可以依損害配偶權請求民事賠償，人可以沒了，錢多少得要一些回來，這樣實際多了。二、你怎麼知道那廝就一定稱心如意了？有阻力的愛情相對較美，當阻力消失，當那兩人變成了正常的夫妻關係，你認為長治久安的日子能維持多久？想想你自己的經驗大概就會有答案。

婚姻是自己的問題，既然是自己的選擇，就該有自己收尾的自覺。除非是發生了家暴恐嚇威脅索財等攸關生命財產安全的問題，不然還真不該把婚姻的問題交由別人（尤其是刑法）來收拾善後，更不該天真的以為，沒有了這個法條，以後的人婚姻鐵定都完蛋。

這讓我想起我們一個病人的「事蹟」，有一次一個病人約診卻遲到了一個小時，想當然是無法就診必須另外改約，他卻對我們大聲咆哮，認為這一切都是我們沒有預先電話提醒他，如果先打電話給他，他就不會遲到了。如果依他這個邏輯，那每個上課遲到的學生都可以怪罪老師沒打電話叫起床，每個上班遲到的員工也都可以怪罪一切都是老闆的錯，這樣像話嗎？

溺水的人總想找到一根浮木，但請相信我，通姦罪絕對不是那根浮木，數十年來依附那根浮木的元配，應該大

婚姻是自己的問題，
既然是自己的選擇，
就該有自己收尾的自覺。

多都變成一縷哀怨幽魂，該留的留不住，該捨的捨不掉，無法前進。

自己的責任請自己一肩扛起，不要牽拖給別人，甚至法條。

愛者恆變，修成正果並非戀愛的神主牌

「他當初追求我的時候，說他最欣賞我的獨立、不黏人的性格，讓他覺得相處起來毫無壓力。但如今他提出的分手理由竟然是，我太獨立了，一點都不需要他，他要的是個可以讓他保護的溫柔小貓，不是女強人……」

我在某個女性臉友的PO文裡看到這一段，她說她也很疑惑，前男友到底有沒有愛過她？還是連他自己都不知道自己喜歡的是什麼？

愛，是絕對愛過的，只是，愛也是會改變的。

變是人性的常態，如果你自己都無法保證永遠不變，如何去要求別人？那叫做違反人性。

有的人小時候不愛吃青椒、茄子、苦瓜，長大之後卻愛得不得了。有的人小時候愛穿得花花綠綠，長大了卻獨鍾樸素黑白。這都是人性的變，是潛藏在基因裡的特性，為了適應這個不斷變化的環境。你看連病毒這麼小的微生物，都懂得為了生存而不斷改變表面抗原來應付人類的消滅手段，人類號稱萬物之靈，當然更能諳其中之理。

若能早早參透這樣的道理，你就會知道，要一個人永遠愛你不變心，這有多逆天？要多麼有自制力才能達成？每一對能白頭偕老的伴侶，其實都很值得給予大力地鼓掌。

所以呢？你會問。不能期待另一半一輩子忠貞，這樣的愛情或婚姻還有其價值？還值得被鼓勵？

我會說，是的，依舊值得。

人是感情的動物，沒人能終生動心忍性。你如果認同人需要愛情來滋潤生命，就沒有理由為了一個可能的缺陷而阻卻了腳步，這樣跟因噎廢食因溺廢泳沒有兩樣。如果你曾在愛情中獲得幸福、感到滿足，就不該在失去愛情時否定一切，因為你在否定一切的同時，也就否定了你的某段人生，否定了曾經的努力與付出，那些都是紮紮實實的足跡啊。

他曾經愛你的獨立不黏人，那是真；他現在發現需要有人依偎，那也不假。問題是，你自己愛不愛他呢？如果你曾愛他，那你們都曾是彼此重要的人，謝謝對方陪伴且給過你一段美好時光。你對他念念不忘，那是你有情有義，他轉身離去，那是他的損失，並不是你不夠好。

如果一直糾結在他有沒有愛過你，那你只是在浪費時間，不管你最後得到的答案是什麼，都不會讓你開心。

如果你曾在愛情中獲得幸福、感到滿足，就不該在失去愛情時否定一切。

他的心裡住了誰？又是另一個自認為感情受害者很想找出的答案。其實老實說，有時候感情的結束未必都有第三者，很可能只是感覺淡了、疲態盡露，他覺得再這樣繼續下去像走在一條永遠看不到光明的隧道。就算你還愛他，但他已不再愛你，這樣沒有交流的感情真的值得你再虛耗時光嗎？

新時代的愛情觀，就是請不要把非得修成正果不可當成是談戀愛的神主牌，當愛情來臨時，好好享受它、認真經營它；當愛情結束時，好好放開它、繼續往前走去。

當然感情的結束總有大小不一的傷，療傷是必須的，但長期沉湎其中就是自己的問題。失戀兩三個月希望朋友安慰你或許還說得過去，如果兩三年後還在那兒無病呻吟，只會令人反感逃開。談戀愛也要有邏輯概念，倘若你一直在那裡鬼打牆，注定談不好戀愛。

Part 3

人性，經不起考驗

衝著人性來的詐騙，要麼寂寞，要麼貪婪

提起詐騙集團，很多人都有過與之交手的經驗，從早期郵寄傳單告知中獎，改成電話通知中獎，再換成假冒法院通知函，再變成健保局通知鎖卡、電信費用未繳通知、偽裝孩子被綁的勒贖電話、通知信用卡分期錯誤電話……林林總總五花八門的設計劇情恐怕不下百種。

你一定會說，都已經這麼老套了，應該不會有人再上當吧？

但事實是，被騙的事情還是時有所聞，如果被報出來的只是冰山一角，那恐怕隱藏於海面下的黑數是相當驚人。

這些手法其實不難防，有在看新聞的人應該不易被騙倒，但有一類跨國的網路詐騙就真的可能讓當局者入迷不自知，甚至高知識分子也未必能倖免於難。

如果你還有印象，好幾年前有則新聞，提到某位曾任職中研院、台積電的女博士被自稱身為中情局局長的網路騙徒騙得團團轉。面對一個只在網路視訊中交談過，真實會面連一次都沒有的人，居然可以愛到不可自拔，稱對方為未婚夫（只因對方寄來一枚求婚戒指），甚至還想把房子賣掉匯款給對方，無視家人朋友員警告知她這是網路詐騙，仍一心深信對方的愛是真的。

我們看來不可思議，但事情就是這樣發展了，然而後續如何？她有沒有幡然悔悟？答案是否定的。後來她甚至將自己這段神祕而堅定的情史寫成中英文版長篇小說並自費出版，還宣稱要把版權費獻給未婚夫以成全其打擊國際恐怖組織的心願。

你說她是自欺欺人逃避面對被騙的事實，她則認為自己的愛無比偉大是外人不懂，完全沒有交集。

客觀上被認定為詐騙案件但若當事人不苟同，且心甘情願地傾注所有，這樣到底還能不能算是詐騙呢？如果整個事件中沒有所謂的被害人，你所認知的被害人自己認為幸福得不得了，還一味地為詐騙犯解釋開脫、自圓其說。除了眼睜睜地看他陷入流沙之中終至滅頂，你還能做什麼？有計可施嗎？

會陷進這種流沙裡的未必是低教育水平者，相反地很多是高知識分子，但一顆寂寞心卻常是他們共同的標記。寂寞亂芳心，此時若有人用溫度呵護、用言語懷柔、甚至用色相勾誘，容易暈船的人很難不栽進去。可怕的是那股自我催眠的力量，一再地對自己施予催眠的指令，是種破釜沉舟的意志力，別人如何能喚得醒？

有位朋友跟我說了他學弟的故事，這位中年失婚的學弟不知從哪個交友網站上認識一位美國女大兵，對方不斷灌他迷湯讓他意亂情迷，恨不得能立刻飛去與她共結連理。他是位學有專長的外科醫師，竟寧可放棄台灣的一切工作地位，只為了一個網路上見過面的女子，我朋友不斷試圖勸阻他學弟，甚至挑明了說這很可能就是網路詐騙，但他就跟那位女博士一樣執迷，笑我朋友太多疑。

朋友說他學弟已不年輕，很難想像萬一這真是詐騙，到時他如果失去了所有的積蓄要如何再站起來？那會是多淒慘的一個局面？如果集合所有人之力都拉不過繩子那端的奇女子，他也只能祈禱真的是自己多慮了。

我想，那位學弟應該是沒走出失婚後的寂寞，才會急

> 攔浮木本是一種自救手段，但人在六神無主時真能分辨浮木的虛實？

著在湍流裡攔浮木，攔浮木本是一種自救手段，但人在六神無主時真能分辨浮木的虛實？攔到的究竟是紅檜還是爛樹皮？

詐騙總是衝著人性弱點而來，不是貪婪就是寂寞。

談錢俗氣，不談錢就比較高尚？

有些時候，我們可能要請託親友幫自己一點小忙，或許是買點東西，或許是辦點事情，總是可能需要花點費用。這時，如果對方說：「唉呀，不用啦，只是一點小錢，談錢就太見外了。」你會怎麼做？

真的就不給？反正大家互相往來，以後也幫他忙就好。

還是堅持要給？親兄弟明算帳，不要占一時便宜，日後要還更多。我絕對是選後者。

很多人很怕談錢，好像一談錢人就俗掉了，也很怕因此給人一種斤斤計較的印象。但是我必須說，如果只為了一時的感覺，往往會為將來種下更麻煩的禍根，我有個朋友的例子足堪借鏡。

他有次拜託一個去日本的好友幫他帶回幾盒成藥，其實不貴，就是幾百塊之譜，他要付錢時，對方說沒多少錢，而且他把收據丟了，也忘了實際價格，就算了。我朋友雖然覺得這樣不好意思，但因對方很堅持，他也就接受了好意。

不久之後換我的朋友要到澳洲出差了，他的好友也託他幫忙帶一些綿羊油脂類的產品，他到了澳洲之後，對方還用Line告訴他要追加數量，結果回程的行李幾乎都是裝他朋友交代要買的東西。

回國後把東西交給了他朋友，沒想到好友居然都沒問他多少錢，這下好了，這錢是該討還是不該討？

討了，好像太不近人情，人家上回都沒跟你收錢，你這次居然要算得這麼精。不討，又心疼不已，因為怎麼算都划不來，很標準的因小失大。他最後當然是吞下了這筆帳，但也因此學到教訓，再也不要混帳不清。

他的損失其實還算小的，你該聽過一句話：不要錢的最貴！

很多人其實也沒要占人家便宜，但常常卡在「不好意思一直談錢」這件事情。我對此十分疑惑，好朋友把帳算清楚為什麼會因此影響友誼？難道一定要打迷糊仗彼此都占點便宜才叫做朋友？

以前我在醫院服務時有個同事，常常連一兩塊錢都要計較，簡直有精神潔癖。問他幹嘛這麼較真，他總說不想占便宜也不想被占便宜。當時總覺得他這樣做好像刻意在劃清界線，現在看來卻覺得他真是聰明無比。

這麼多年下來，我沒聽過他曾與哪個朋友因錢而反目，也沒有因為一時的不好意思而造成損失。在他看來，很多不必要的損失其實都是自己造成的，如果不是自己太在乎感覺問題，就不會陷入後來的進退維谷。

的確，活到這把年紀，越來越覺得，錢的事是說得越清楚越好，越含糊，心中越容易產生芥蒂，久了之後，恐怕連朋友都做不成。而且，錢債好還，人情債難處理，千萬別把好還的錢債累積成難處理的人情債，等哪一天面臨要被一次提領時，你可能會想賞自己一丈紅。

話說現在支付的方式這麼多，如果你覺得面對面談錢或細算經手帳務真的很有壓力，其實也可以直接把收據或費用明細表跟著貨品一起交給對方，這樣對方也很清楚這

錢債好還，
千萬別把錢債累積成
難處理的人情債。

帳是裝不得傻的。如果是你拜託對方幫忙，而對方不好意思開口跟你要，千萬別就此不當一回事，自己做點功課，把費用查清楚，甚至多加一點「跑腿費」都不為過，趕快把錢轉給對方，並明確告知對方已經付清。

不要太相信「幹嘛這麼客氣，不過是一點小錢」之類的客套話，這種客套是當情誼還在時才會說的，人走茶涼，當哪一天不再是朋友，相信我，你馬上變成對方口中愛占便宜沒分寸的那種人，人性是經不起考驗的。

談錢一點也不俗氣，也是建立好人際關係的重要一課。

宅心仁厚是美事，卻可能讓你一敗塗地

很多人的不成功，是敗在太仁厚的宅心。

有個同業一直想換掉診所的一名助理，因為她不但常遲到，做起事來也丟三落四，偶爾還會把重要的申報資料key錯，對診所的營運造成困擾。照理說，如果這類的錯誤一犯再犯，老早該請她捲鋪蓋走路，他卻一直狠不下這個心。

「唉，看她有點年紀了，要再找工作應該不容易。」「要另外找人也是件很麻煩的事，也不見得找得到更好的。」「她其實人不錯，只是常犯錯。」「每次看她很誠心的道歉，就不忍心辭退她。」……

這些都是這個同業給的藉口，既然如此，那也就只能繼續承受，別再抱怨。

每一個成功的企業家，都不會把時間浪費在任用不適任的職員身上。他們或許可以忍受一次初犯之過，但若再犯，必定壯士斷腕。因為他們不是只對自己的荷包負責，必須考慮所有股東跟所有員工的最大利益，不能因為自己一時的不忍心，而犧牲掉所有人的期待。

會一再犯錯的人一定存在某種性格缺陷，會一再容忍的人必然也是。因為你不忍心當壞人，當然就只能吞下所有麻煩的苦果，這是天經地義，因為是你自找的。

事業如此，愛情亦如是。

如果你發現另一半已經脫離兩人愛情運行的常軌，不管是外遇或是暴力傾向，其實都要有心理準備，你該下車了。

願意給對方幾次改正的機會，每個人會有不同的答案，但給越多次的人，越注定是要談一輩子失敗的感情（或婚姻）。你會說忍著不放手的人是因為還愛著對方，也因為捨不得曾經的付出，更盼望對方能回頭（或悔改）。好吧，裝睡的人叫不醒，你要一路容忍下去，那就繼續承受傷害帶來的痛苦，沒什麼好說的。

現代的愛情觀，老早不同於過去那種相忍為國，忍到天荒地老的爬蟲類時代。愛不能單憑感覺，還要有敏銳的嗅覺，一旦嗅出了不對的氣味，你應該做的不是蒙著頭繼續睡，而是該起身洗把臉，讓自己趕緊清醒過來。

清醒是為了要分析你到底該不該再繼續這段充滿危機的感情，如果把它當作一個事業的經營，你得知道要把停損點設在哪裡，才不會弄到血本無歸。

或許你會說，相處久了總是會有感情，哪有那麼容易說斷就斷？對，一點也沒錯。但你也得知道該斷在哪吧？一直藕斷絲連，只是讓你不斷消耗能量，終至麻痺，到頭來就怕你想斷都斷不了。

現在很多人都能對斷捨離琅琅上口了，但捫心自問，你做到幾分？

最早倡議這個觀念的是一位日本的雜物管理諮詢師山下英子，本來只是針對生活必需品的精簡觀念，後來逐步擴大，慢慢推廣成一種生活態度，幾乎你在生活裡遇到的各種問題，都適用斷捨離的概念來面對與處理，事業與愛情當然也包括在內。

生活裡的各種問題，
都適用斷捨離的概念來
處理，包括事業與愛情。

著。

她說斷是斷絕不需要的東西，捨是捨棄多餘的廢物，離則是脫離對物品的執著。如果把這些東西、廢物、物品代換為不適任的員工或另一半，同樣不違和。

而且你會發現，在生活中能貫徹斷捨離理念的人，在感情與工作上同樣比較果敢決斷；而生活在一屋子雜亂無章物品當中的人，也很難預期他們的工作跟感情能有多好的表現。

宅心仁厚對一個生活豐足、無忮無求的人來說，或許是種美德，對一個還走在事業與感情路上的人，絕對不是。

一場疫情，看到經不起考驗的人性

一場世紀疫情，燒出了一堆人性醜惡面。

很多人明知自己應該留在家中不得外出，卻還是偏偏跑出家門逛大街，即使祭出重罰，還是有人以身試法，刻意測試執法者的效率。

明知不可而為之，在這個時刻絕不是一件值得敲鑼打鼓稱頌的事，就算你認為自己完全沒事，多一重防護措施肯定是對大家都好的決策，配合不單是為了別人，對自己跟最親近的家人都是好事一樁，為何有人一定要去踩那條紅線？

除此之外，搶物資也很好笑。因為政府一直宣導物資充裕，民眾無須搶購囤積，所以我也傻傻地覺得物資絕對是買得到的，結果卻證明我太天真。

某個星期天，我照例到住家隔壁的連鎖超市，只是想買盒雞蛋跟一些民生日用品。結果我根本不敢相信自己的眼睛，蛋架是一片空曠，只剩幾盒皮蛋跟鹹蛋。怎麼回事？大家突然都狂吃雞蛋了嗎？悻悻然走到泡麵架一看，呵，一樣空蕩蕩。再往油品區走過去，所剩無幾，更別提衛生紙區，根本一包不剩。

這是怎樣？世界末日要降臨了嗎？整個超市像蝗蟲過境般。物資不是很充裕嗎？怎麼大家還是搶成這樣？究其因，還是一種集體恐慌的預期心態，管你物資充不充裕，先搶先贏，反正多買一些囤起來也不會壞，就算事後證實是自己多慮了，這些囤積的東西還是用得到。但若是物資真的不足，那能搶到的就顯得彌足珍貴了。

曾有人做過一個實驗，當你站在大樓外抬頭往上看，過不了多久就會引來一群人在你身邊，大家都抬頭往上看，即便什麼事也沒有。此時你悄悄離開，但這群人又會引來更多的人，大家在不明就裡的情況下紛紛跟著做無意義的動作。

這就是赤裸裸的人性，任憑你如何撻伐，它就是會發生。

我始終相信，四書五經裡的人性教化不是沒用，但只能在承平時期裡實踐，一旦發生了動盪，這些儒學哲理不會在第一時間閃過人類腦袋。你問大家為何要一窩蜂狂搶？他可能會回答你，活命要緊，如果日子過不下去，還談什麼其他？

有人說這一場全球疫情其實堪比為第三次世界大戰，只是要對付的敵人從實體的國對國變成了人類對上疾病。雖然沒有無情戰火的摧殘，很多世界知名城市都封城了，封城是何等嚴重的事，等於斷絕了與外界的一切往來。在古代，封城可能就是斷了生機，還記得「易子而食」的故事嗎？春秋時期，楚莊王攻打宋國，宋被圍困，也就是今日的封城，搞得民不聊生、絕糧斷炊。沒有食物的狀況下，只能吃人肉求生，但又不忍心吃自己的孩子，只好跟別人換。這是悲劇，但若世界大戰來臨，誰能保證這樣的狀況不會發生？

當求生成了動物性本能，道德的界線很可能會退回遠古時代，就算你是富豪權貴也沒用。如果連自掃門前雪的能力都沒有了，又怎能管到鄰人瓦上霜？只是這次明明我們的狀況都還在掌控範圍內，居然也能演出物資搶搶樂，究竟該說是大家太有未雨綢繆之心，還是太盲從？

有句廣告詞說：科技始終來自於人性。沒錯，人性是帶領我們走到今日文明的最大功臣，但人性也最經不起天災人禍的考驗，除了祈禱不要發生，我們能做的實在有限啊。

人性是帶領我們走到今日文明的最大功臣，但也最經不起天災人禍的考驗。

沒出息的，才同行相忌

同行相忌是社會上很普遍的現象，幾乎存在於每一個行業別中。

我們常常看到同一條街上有兩家賣幾乎一模一樣產品的店家，除了標榜自己是「正宗老店」之外，有的還會無端攻擊別的店家，企圖影響對手的生意，甚至還有的因此對簿公堂，鬧上媒體版面。

明明是各做各的生意，為什麼一定非得弄得你死我活不可？

我記得好幾年前，我們牙醫界也傳出一件新聞。有一位牙醫師因為與診所老闆理念不合，於是離職自立門戶，卻選在舊東家斜對面開新診所。老東家自然非常不樂見這種情況，因為他認為原本的病人會被這位醫師帶走，原本的病人是老東家的「無形資產」，這樣被帶走形同一種偷竊，兩人還因此多次衝突，原東家甚至寄了存證信函給這位牙醫師。

事情怎麼解決的不得而知，但也引起同業間一番討論。於法，這位醫師要在哪裡開新診所是他的自由，無人可以置喙，但情理上故意要跟前東家互別苗頭，確實有那麼些挑釁的意味。但是我也必須說，如果原來的診所對自己多年建立下來的基礎有信心，醫師本人的醫術醫德也夠令人折服，真的有必要那麼擔心嗎？

新進入的競爭者能搶走的，不正是對老店家忠誠度不高或所提供的貨物服務不夠滿意的那些人？忠誠度不高的客人，我覺得流失了一點也不可惜，但你的東西要是夠好，就不用怕識貨的會跑掉。這個市場或許不是很龐大，但也絕不會小到只能容許一家店來獨占才能生存，生意人人可以做，只要拿得出真本領，為何不能多贏？

前輩作家吳淡如常在她的廣播節目裡介紹別的作家的新書。有一次她訪問的是同為暢銷天后級的作家張曼娟女士，在節目的前一天她就先行在臉書上做了預告，很多粉絲紛紛留言，有一則說到：「別人是同行相忌，你們是英雄惜英雄。」結果你猜吳淡如如何回應？她說：「沒出息的才同行相忌，在後宮才上演甄嬛傳。」

答得真妙啊，不是嗎？

你的東西要是夠好，
就不怕識貨的會跑掉。

後宮會上演甄嬛傳我並不意外，因為她們的市場小到只有一個共同的客人，如果不使出渾身解數來搶，的確會沒有生路。但現實生活中的我們，並非只做一個人的生意，大可不必這麼擔心。

大家寫的東西都不一樣，讀者不會因為看了你的作品就不看別人的，何必相忌？要是你寫的就是不夠吸引人，就算忌了這一個，後面也還有九千九百九十九個在那裡等著威脅到你，忌得完嗎？

我個人的經驗是，對同行越大方，越能廣結善緣；越不怕同行搶生意，餅才能做得越大。

每個人都有其極限，你做不到的，可能有人比你更出色，與其因此心生暗妒，不如敞開心胸欣賞他人。如果別人忌妒你，那也正說明了你是有真材實料的，該高興才對，「人不遭忌是庸才」，難道你想當個庸碌之輩？

這個時代，多一個朋友絕對比多一個敵人要好很多，很多社群媒體的威力比以前單純口耳相傳要快上光速之倍。相忌的行徑要是沒有道理，這把火只怕不是毀了別人，而是燒死自己，除非你有金剛不壞之身，不然還是別輕易嘗試。

忌，其實就在一己之心，如果你有足夠的能量支撐自己，心自然寬大，何忌之有？

當忍即忍，當狠則狠

我有個朋友在臉書上發了好一頓牢騷，故事大致如下：她有一個雇用多年的司機兼孩子保母，這保母有點年紀，最近卻屢屢出錯。有一回朋友趕著出國，要出發時發現少帶了一件重要文件，所以折回家拿，這位司機居然就直接載著行李揚長而去。朋友下樓一看，氣得差點中風，等了七分鐘那司機才發現不對勁返回接她。

她問司機，平常去接小孩也都不確認一下就直接開走嗎？這司機說她都會幫孩子繫安全帶，所以不會失誤，我朋友不禁在心裡嘀咕：難不成要司機來幫她繫安全帶？

更糟的是，最近她家裡養了一隻貓，為了要帶牠去看獸醫，她早早將貓放進寵物籠裡，並交代這位司機記得餵貓喝水。結果這位天兵居然將水盆放在籠外，要不是朋友覺得有異及時發現，那貓兒可能要大半天沒水可喝。朋友是愛貓之人，怎可忍受這樣的事？責問她為何這麼草率，那司機也只是裝皮陪笑，一臉不在乎。

朋友氣得在臉書說已經忍耐這個司機很久了，要不是看在她已經工作許多年，不忍心讓她突然失業，不然真想將她辭退。

這確實有些兩難，但若情況不見改善，一味忍耐恐怕只會釀出大禍。

我剛開業的頭幾年，曾經雇用一位助理，雖然不是很聰慧伶俐，但還算勤快，因為需人孔急，我也就留用下來。但很快地，我就發現事情不對，她對材料的使用拿捏不當，常常因此浪費了許多昂貴牙材。我雖然告誡了好幾次，但狀況卻沒有因此改善，最嚴重的一次惹惱我，是她將一台價值不菲的光聚機不慎摔到地上，摔斷了機頭，當然，也摔掉了我對她最後的忍耐。

她當然是感到抱歉，但我知道茲事體大，再繼續留著她，可能下次會摔壞的東西會更讓我心痛。於是我請她做完當月就好（還不是叫她隔天就別來了），而且也沒讓她賠償機器的修繕費用（那可能又會讓她的薪水大縮水），結果她哭得一把鼻涕一把眼淚，倒像是我虧待了她。

最糟的是她離職時並未將我們診所鐵捲門的遙控器歸還（她說是弄丟了），為了怕衍生日後不必要之麻煩，我們只好把所有遙控器都換掉，世風日下，我們不得不以小人之心度君子之腹。

後來我常常反省自己，其實早該在發現她怎麼都教不來的時候就將她解雇，也就沒有後來的損失，所以之後我在用人這件事情上，也變得比較不願意忍耐。忍耐如果可以達成惠我利他的雙贏局面，那或許還值得考慮，如果只會帶來無可估計的損失跟頭痛，那絕對不必浪費時間。

所以我給朋友的建議就是：辭了她！別再婦人之仁。

對不該施以仁慈的人容忍，其實就是對自己殘忍，除非你經得起一而再再而三的損傷，也實在找不到可以替代的人，不然真的不要這般委曲求全，雖然我不清楚這樣到底求得什麼全？

中年之後，該忍即忍，當狠則狠。如若把生活也當成是一樁事業來看待，沒有一件事比讓自己舒適開心更重

對不該施以仁慈的人容忍，
就是對自己殘忍。

要，因為時間成本越來越貴，所以如果你一直陷在痛苦的泥淖裡，那是絕對不符合經濟效益的。只有自己開心了，日子才會顯出充實感，不然你怎樣都不會滿意。

狠與忍一線之隔，卻是兩個世界。

打開燈，讓魔鬼無處藏

這個社會充滿了陷阱，等著讓人一腳踏進去，有的藏身暗處，像詐騙集團利用人性的弱點，如貪婪、恐懼、寂寞、不善追查真相……，即便已經宣導了這麼久，每天還是有人慘遭損失。

有的直接明著來，擺明了要訛詐你。俗話說：明槍易躲，暗箭難防。理論上明著來的欺騙應該比較容易對付，但其實還是常常聽到這種離譜的事情在上演，究竟是騙人的人太高明，還是上當的人太笨？

新聞裡常聽到有人去某家店裡吃了尋常滷味小吃，或是在知名夜市買了現切水果烤魷魚，又或是玩了遊樂場裡的某些遊戲，等到消費完了，才驚覺金額高得嚇人，根本是其他地方的數倍價格，懷疑自己當了冤大頭，但事實既成，追悔已來不及，只好上網討拍或訴諸媒體求公道。

討拍就能求得公道？很抱歉，沒這回事。是你自己要吃要玩的，怪得了誰？

我看到這類新聞總覺得納悶，這些人在消費之前，難道都不會先詢問一下價格嗎？我曾就這個問題問過一些身邊的朋友，還真的有些人是不會先問價錢就直接點下去再說。我問他們為什麼不先詢問價錢，他們認為反正這些消費在印象中就是那樣的價格，不可能貴到哪裡去，所以就不會再特意去問了。

是了，這就是原因了。這些貪婪的商家就是相準了大多數人不會先問價格的心態，等你上鉤後，價錢再隨他開，你很可能是外地人，幾百年才來這麼一次，就遭了魔道（這種店家當地人通常不會光顧，他們也不可能坑當地人）。

你要跟他耗嗎？他有的是時間，可你有嗎？

到最後你也只能摸摸鼻子自認倒楣埋了單，安慰自己只會被騙這一次。但真的只會被騙這一次嗎？如果你沒有從這個慘痛的經驗中學得教訓，恐怕下一次你還是會被騙。

到一個陌生的地方，如果我要上餐館或逛夜市吃東西，總會先看看這家生意好不好，有沒有人光顧。並不光是判斷東西好不好吃（有的餐廳就算門庭若市也不見得好吃，但至少比較不容易踩雷），而是要減少受騙的機會，如果那家店是存心詐騙的黑店，上門光顧的人必然不多，我何必去當待宰的羔羊？就算真的走了進去，也必定先看清價目表（沒有價目表的店家我一定馬上退出來），有的雖然有價目表，但寫得不清不楚模稜兩可，像很多海鮮店習慣寫上「時價」，這就有很大的議論空間，如果沒弄清楚是怎麼計價的，在結帳時可能就會讓你目瞪口呆，荷包失血。

千萬不要以為自己有辦法跟老闆討價還價，當你不慎走進黑店，就注定要被剝層皮，只是皮的厚薄問題。如果你要討價還價，除非篤定對方沒有一臉橫肉，身上沒有刺龍刺鳳，否則最好還是乖乖付錢了事，免得人財兩傷。

> 消費前多點心眼，
> 多問一句，
> 很多糾紛都不會發生。

只要有商業行為，這種巧詐之術就不會消停，問題是你要不要上當？人家並沒有拿武器架著你的脖子逼你消費，你有絕對的自主權。如果你自己應注意而不注意，等到事後才徒呼負負，就算你說得理直氣壯，正當性也少了一半。糾紛發生了，店家自然也會有一番說詞，你要說他貴，他就說他貴得有道理，各說各話的結果，清官也難斷是非。

本來應該是開開心心的消費，最後卻惹了一身氣，如果事前多點心眼，多問一句，什麼事都不會發生。魔鬼都藏身你忽視之處，如果你打開了每一盞燈，他還有什麼地方可藏？

借問軍師，馬謖當斬不當斬？

在江湖走闖多年，你一定多少會遇上幾個這樣的人。他可能曾經跟你合作愉快，他也可能曾經幫了你一些忙，但那些都已是曾經，已經走進歷史頁面。而現在他卻變成一個可有可無的影子，甚至還出了一些差錯，你可能念在往日情，隱忍著不翻臉。但是，事情並沒有好轉，反而越來越糟，他自以為在幫你，卻完全拂逆了你的意旨，讓事情變得難以收拾。

你該怎麼辦？

明明心裡很嘔，卻很難決然割袍斷義。因為心裡一直有個聲音冒出來：你能做個無情無義的人嗎？

翻臉了，人家說你忘恩負義；不翻臉，你其實已經氣得快吐血，怎麼樣都讓你身心極不舒服。

人生的時間成本只有越來越高，你的年紀越大，付出的時間就越貴。所以，如果跟這樣的人繼續共事會讓你花加倍的時間來收拾善後，你就必須在損失無限擴大之前趕快剎車，甚至，下車。

有時越是捨不得，下場越悲涼。反而是壯士斷腕，還能扭轉頹勢。

把對方找來，誠懇地說出自己的心頭苦，告知自己實在無法再與對方共事，如果對方因此發火翻臉，這也是預料中事，翻臉總比翻船好。倘若對方能理解，好聚好散，大家還是朋友，那就是你賺到。

如果兩人是合夥關係，那拆夥之後，接著而來的就是誰走誰留？如果你要送神，那就大大方方地給對方一份厚禮，當作是對這些年來對方幫過你的答謝。這樣至少離開的人怨言會少一些，你也不必背負太重的愧疚感。我個人覺得，做人越大方，財富反而更會接近你；如果你錙銖必較，反而成不了大業。

反之，如果對方不打算走，那不如你自己離開。有能力的人，走到哪裡都可以重起爐灶，不必依戀舊巢穴，老是想著荊州，你就無緣西取益州不是嗎？或許重新開始有點累，但總比一直在原地打轉強，事過境遷看回頭，你會慶幸自己脫身得早，一時的不捨只會讓你消耗更多量能，積怨必定更深，拖垮你向前走的時機。

有時越是捨不得，
下場越悲涼。反而是
壯士斷腕，還能扭轉頹勢。

三國演義裡有一個大家耳熟能詳的故事：馬謖失街亭。馬謖其實是個有才幹的人，也幫助蜀漢立了很多功勞，向來為諸葛亮所倚重。但他在街亭一戰過於專斷，造成蜀軍重大傷亡、損失慘重，你若是孔明，要不要追究其過失？還是要看在昔日情分就此不了了之？

追究過失是為了要整飭軍紀，不然往後這樣的事還是會不斷上演，一個人的失誤可能會賠上所有辛苦打下的江山；雖然，看起來鐵血無情。諸葛亮最後還是忍痛斬了馬謖，這個決定很難，但絕對有他的道理。

如果你不想當個無情的人，你想相信對方還有幡然回正的機會，你願意繼續跟對方攜手並進榮辱與共，那你就必須情商夠高停止抱怨，既擇之，則安之。這是你自己的選擇，如果你要繼續和對方共事，卻又不斷哀怨牢騷，那我能斷言這事業的壽命必不能久長，搞不好連你的壽命都不能久長，勞心勞力又要摧心折肺，你只能等著鞠躬盡瘁。

當斷不斷，反受其亂。有時候一念之仁常與災禍比鄰而居，其距離比你想的還近很多，除非你的時間很多，否則不要跟自己過不去。

你是成熟了，還是長大而已？

每回看到新聞裡報導有年輕人在KTV外、餐廳外、夜店外（反正就是一群人容易一起去的地方），只要互看不順眼，一個瞪眼一個挑釁，很容易兩派人就鬥毆起來，非砍得你死我活才願罷休。下場是什麼？自然是雙方各有死傷，然後被抓進警局，人人記上一筆前科。

這時身邊一些「大人」很容易就會下個結論：這都是年輕人血氣方剛才會犯下的錯，等他們將來「長大」了就會知道這樣做有多不值得。

真的嗎？容易意氣用事的年輕人長大之後，就一定能變成比較會想的「大人」嗎？我十分懷疑。

我有個遠房親戚，在輩分上我應稱呼他表叔，從小就是家族裡的頭痛人物，動不動就跟人起衝突，連我們跟他這麼疏遠的關係都還能經常聽說他的「英勇事蹟」，進出警局根本是家常便飯，好像也因此蹲過牢房。如果大人們的結論是對的，那他應該早就變成熟不再犯錯了，但在他還不滿五十歲時，某個深夜喝醉酒後跟人起了衝突，遭一群人揮刀猛刺失血過多，送醫之後沒再醒過來。

快五十歲了，不能還說是血氣方剛吧？這是個性問題，與年齡無關，不成熟的人就算上了天堂（如果可以的話）應該還是不會成熟。

成熟的本身不單是時間累積的問題，還包括了智慧的增長，人不是水果，不會到了時候就自然芳香甜美，沒有智慧的淬鍊，放得再久也只是澀韌無味，難以下嚥。

還有的家長認為，孩子結了婚成了家就會收起玩心，變得比較有責任心，這也一樣是個迷思。

為什麼結婚能讓人收起玩心呢？這邏輯可能是認為有了配偶子女的羈絆，就會想守護家庭，不會流連在外，如果這論調成立，那全世界應該沒有家庭會不幸福吧？但現實的社會顯然不是這樣。愛玩的還是愛玩，怎可能因為一紙婚約就改了個性？

會在婚後全心回歸家庭的，必然是原本就很想建立一個完整的家，但即便如此，也未必能保證婚後就不會走錯路，更何況婚前玩心重的？如果真有這樣的人，也可能是他已經玩夠了、玩累了、老了、體力不行了、身體有問題了……總之就是他玩不動了，所以才想到應該回家來，有人可以照顧他、關懷他。這可不叫做有責任心，甚至連稱做良心發現都算是抬舉了。

長大跟成熟不能畫上等號。你是長大了，還是變成熟了？

長大，是一種生理過程；成熟，還包含了心理層面。我從不認為長大跟成熟可以畫上等號。我曾經看過在柬埔寨拿著明信片紀念小物兜售給觀光客的小孩，他們可能在年齡上只是個小學兒童，但他們的心裡卻早已是一個要幫忙擔起家計的成人。相反的，我也看過都已經邁入而立之年的成人，卻連看個牙齒都還要父母陪伴，在決定是否接受治療的當口，還要父母給意見。

到底誰沒長大？到底誰才是真成熟？

或許你會說，可是很多人不是說大人應該要保持一顆赤子之心嗎？為什麼真的保持了「童心」，卻又要被批成不夠成熟？

這是兩回事，保有赤子之心是希望你能用一個純真的心來看待世界，盡量看到世界美好的一面，但不代表你要不成熟，你要做出一些幼稚的舉動。就像你當然還是可以盡情欣賞迪士尼卡通，但你一定不會把你的現實生活跟卡通情節混為一談。

你是大人了嗎？你是真的成熟了，還是只是長大而已？

賺錢靠能力，聰明花錢才是真本事

賺錢靠本事，花錢同樣是門學問，如果不懂得花錢的竅門，就算再會賺，很可能也留不住財。

有時候看著很多年輕人的花錢方式，我免不了感到疑惑，他們的薪水很高嗎？不然怎麼這麼敢花？早上若起晚了，叫了小黃或Uber就跳上車去上班，這一趟可能一兩百就飛了。進辦公室前還先到便利商店買了三明治跟咖啡當早餐，又是七八十塊。

中午跟同事到附近餐廳吃商業午餐，現在最便宜的一個套餐可能都要百來塊，如果高級一點的甚至兩三百。下了班如果有同事邀約聚餐唱歌看電影，這一花又得四五百塊，算一算，一天下來可能一千元大鈔已所剩無幾。

這還沒算到一些基本開銷，如果你是賃屋而居，每天的房租水電費，每天的手機上網費，勞健保之外如果你還買了保險，這些都是每天要燒掉的錢。如果你的月薪才三萬多，真的是很難收支平衡啊。

或許你會說，又不是每天都這麼過。就算這樣，但仔細觀察，很多人的花費還是很驚人。早上一定要喝杯咖啡，有的人還每天一包菸，下了班還加入了健身房會員，三不五時還上網買些五花八門的小物，偶爾要上個髮廊剪個頭髮換個造型，百貨公司周年慶更是不能錯過。這些可能都是一筆筆的小花費，但累加起來就很可觀，月底一到就不免要大嘆：錢怎麼又不夠用，到底都花到哪裡去了？

有的人說自己會精打細算，三餐自己做。但採購的地方都是百貨公司地下超市或美式賣場，這些地方不是東西貴就是一次必須買很多，如果你沒在保鮮期內把食材用完，浪費的恐比省下的多更多。

真正聰明的花錢是把錢花在刀口上，並減少不必要的開銷。

仔細想想，每天早上一杯星巴克或便利店的咖啡真的有需要嗎？如果真的戒不掉咖啡，有沒有更省錢的方式？現在有很多品質不錯的濾掛式咖啡，價格便宜很多，味道甚至更優，自己沖一杯就可以省下好幾個銅板，一個月下來可以省多少？

自己做飯確實經濟又衛生，但食材一定得在比較昂貴

聰明的花錢是把
錢花在刀口上，
並減少不必要的開銷。

的生鮮超市選購嗎？我家附近的恆光橋頭有個小市集，其實就是個傳統市場的概念，販售的魚肉蔬果既新鮮又便宜，是我母親很常採買的市場之一。她常說在這裡買東西一份薪水可以養活三戶人家，可以想見把錢花在對的地方的差異有多大。

你住的地方或許沒有這樣的小市集，但也應該會有傳統市場。利用周末假日走一趟，把一個星期需要的食材買足，不但比在貴森森百貨超市買新鮮便宜，也不會浪費過度採買的食材。

運動是個好習慣，但是不是一定得到健身房報到，繳不算便宜的入會費跟月費，這也是見仁見智的選擇。說實在的，我覺得很多人去健身房的動機不見得單純在運動，有很多人是去結交朋友或是獵豔。如果你真的只為了健康想單純的運動，其實在家附近一定可以找到一所有跑道的國中小學，很多學校放學後會開放給校外人士進去運動，我就常在診所旁的國中跑步，不花半毛錢，一樣有運動的效果。

如果嫌只有跑步太單調，現在到處都有Ubike可以租借，到河堤腳踏車專用道騎一趟，應該遠比在健身房對著玻璃窗騎飛輪有趣得多。

當然，能戒菸的話可以省下更多，也更健康。

別小看我舉的這幾個例子，執行下來你就會知道能少花多少錢，而且一點也沒有減損你的生活品質。與其一直抱怨薪水不夠花，不如做一點改變讓你的每一分錢更有價值。

Part 4

好好「說話」，好好「聽話」

陪伴就好，不必多言

我最討厭自己遭逢失敗時，有人在旁邊跟我說：「唉，人生不如意的事，十之八九，想當年我……」

這是最多人愛用也常用的安慰方式，但其實一點建設性也沒有。當人家在失落的情緒中載浮載沉，你還在講一些不著邊際的安慰語，聽的人很容易冒出「是在哈囉？」的對話框。

廢話！誰不知道人生不如意之事，十有八九？但一碼歸一碼，每個人的不如意都不一般，你的無法類比我的，如何能相提並論？而且正陷在負面情緒中的人，可能最需要的只是一小段的清靜，消化他的負能量，並不想聽一些陳腔濫調，除非你能給出非常有用的方法來扭轉局勢，不然保持沉默絕對是上上之策。

還有一種人也很煩，就是一直逼你要說出不愉快的事。

「發生了什麼事？說來聽聽，說不定我可以幫你……」這也是處於心煩狀態的人不想聽到的話。有些人並不想動不動就跟別人吐苦水，尤其是明知對方絕對給不出什麼好建議時，講一次自己的問題只是在浪費時間且又揭一次自己的傷疤，除了痛，別無益處。

許多人好為人師，尤其愛做別人的人生導師，下別人的人生指導棋，彷彿自己的經歷與智慧都高人一等，可以輕鬆解決別人的人生困境。可是你信不信，當這些人自己面臨難題時，未必能這麼有智慧，處理得乾淨俐落。

真正的好朋友，陪伴跟傾聽才是最有效的安慰劑。你不需要時時刻刻當啦啦隊，因為你的加油可能是加在熊熊烈火上，而你的打氣也可能是打在飽滿的瓦斯鋼瓶裡。

一個人在低潮期時，其實是充滿負能量的，沒有經過時間消化，不可能一下子宣洩乾淨。這有點像你剛吃完一頓豪華大餐，肚子正脹得難受，自作聰明的人馬上又拿來一堆胃藥、養樂多或消化餅，要你趕快吃下去，說這樣你就能把肚子清空一樣讓人傻眼。

你或許是好心，但好心不保證做的一定是正確的義舉，有時候太急著競選好人好事代表，只會讓受助者更加

陪伴跟傾聽才是最有效的安慰劑。

崩潰。期待你幫忙撐把傘時，你卻遞來一支手電筒，那叫做無濟於事，並不是雪中送炭。

如果朋友想說，我們讓他說個痛快；如果朋友要哭，我們讓他哭個徹底，這才是陪伴最大的功能。陪伴，只是讓對方知道他並不孤單，確保他安全不做傻事。陪伴，也必須適度保持距離，不要被對方的負能量給拉了進去，無法自拔。

曾經有一個朋友身陷於恐慌與憂鬱之中，當時我常常接到他打來的訴苦電話，有時長達兩個小時，不是一再繞著同樣的問題打轉，就是陷入無言的長吁短嘆。我雖然很想幫忙，卻完全使不上力，更糟的是，因為他的感染，讓我也跟著跌進一個藍色的漩渦裡，花了好長一段時間才慢慢爬了出來。

後來我驚覺自己不能這樣，要救人也得掂掂自己有幾兩重，如果自己不會游泳，就不要愚勇跳水救溺，否則後果可想而知。當你發現朋友的問題絕非你一己之力可以幫得上忙（不管是財務還是情緒），請保持適當距離，別把自己當成陪葬品。

我們都有機會成為陪伴人或被陪伴的人，逆境人人遇得上，有時你只能身陷其中，有時你必須冷眼旁觀。這很像王國維說的：「偶開天眼覷紅塵，可憐身是眼中人。」不管哪一種角色，我們都有詮釋的分際，過猶不及。

你的體貼，我的負擔

朋友A君是個很善體人意又處處為人著想的人，但最近他跟我說，他可能要修正一下自己的作為，免得被人家認為做過頭了，甚至造成困擾。

他的問題要從一場聚餐說起。他向來覺得幫大家服務是舉手之勞，所以每次在這樣的場合，總是把大家的飯碗湯碗茶杯都集攏過來，然後幫大家把飯添滿或舀好湯斟好茶，再把轉盤轉到每個人面前。這個動作看似貼心，但那天他旁邊的人卻告訴他，其實有的人飯量很小或者根本不吃飯，他這麼做會讓人很有壓力。

加上很多人覺得吃東西自己來比較輕鬆，如果一直有人不斷幫大家服務，會讓人感到不太自在，變得不好意思只顧吃自己的，好像也得幫別人服務才不會顯得失禮。結果一頓飯吃下來大家都小心翼翼、無法盡興。

我完全知道他的問題出在哪裡，我稱之為「體貼過度症候群」。

體貼別人、幫別人服務當然是好事一樁，但有時候要服務也得看場合、看時機，跟看被服務的對象。

在人家需要的時候出手，才會真的讓人感動，如果人家可以自己來的時候硬要插手，那叫做雞婆。剛剛好的協助讓人如沐春風，過度的體貼就成了多此一舉，會造成反效果。

會犯這種體貼過度毛病的人通常都有副熱心腸，很容易大小事都捨我其誰、一馬當先，如果出馬競選里長一定是最佳人選。但在朋友圈中，尤其是還不那麼熟的朋友裡，其實不一定要忙著當里長。因為你不一定能掌握每個人的喜好，也不是每個人都能享受別人的無微不至，如果別人告訴你「我自己來就好」，那表示真的不需要你幫忙，請見好就收。

剛剛好的協助讓人如沐春風，過度的體貼就成了多此一舉。

我想很多人也有類似的經驗，到某長輩家中作客，主人家準備了一桌豐盛菜餚，見你不怎麼動筷子，也不管你是不是已經飽足，就一味的勸菜勸酒，讓你備感壓力。有的口頭勸進還不夠，甚至直接幫你夾，夾得整碗變成一座小山，讓你望碗興嘆。有的更來個悲情牌主義：「啊……是不是菜不好吃？不合你胃口……」你連不動筷子都了罪惡，只能埋頭猛吃。

相信在這樣的長輩家中作客，你一定不希望有下一次。

體貼跟雞婆只有一線之隔，如果一不小心跨越紅線，馬上讓人由愛生惡。你一定也遇過一直想幫你介紹另一半的親朋好友，如果你也剛好心急，那是一拍即合，如果不是呢？那就是噩夢一場。而且雞婆的人有一種特質，就是超不會看人臉色，不管你表現得多不耐，說了再多次不勞費心，他們就是有本事窮追不捨，比他自己的事更熱中。

我說體貼要看人，是因為並非每個人都適合被體貼。有的人獨立慣了，做什麼都自己來，旁人體貼的舉動對他來說，只是徒增麻煩，此時最大的體貼，或許就是什麼都不做。我曾經有個病人，是小兒麻痺症患者，看他進出診間相當吃力，助理於是想幫他拉門，第一次他說不用麻煩，他自己可以，我們都以為他是客氣。等看完診他要離開，助理要再幫他拉門，他竟然很不高興地說：「我已經說不用了，妳聽不懂嗎？」

我們馬上跟他道歉，他似乎也發現自己的反應過大。他說他並不喜歡讓人覺得他處處需要別人協助，他知道我們是好意，但這樣只會讓他感到別人將他跟「失能」畫上等號，反而有種被歧視的味道。

原來我們自以為的體貼，對他來說成了負擔。

體貼，是要讓兩造雙方都自在才成立，不然，就是自以為是。

離開損你的毒素，別讓負能量跟著你

朋友之中我最欣賞一種人，有俠義心腸，能仗義直言，不鄉愿卻也不毀人自尊，但說實在，這樣的人真少。

但是有一種人真的讓我不喜歡，就是不斷潑你冷水的人。

「唉呀我告訴你，你這樣做是不行的啦。」「你真的要這麼做？那你就等著失敗吧！」「不要說我沒有提醒你喔，不聽我的你準吃虧……」不管這樣的人是不是出於好意，但這些話一出就讓人反感，因為完全沒有建設性，只是充滿負面能量。

如果能提出更好的意見，那或許還有些參考價值，但有些人的嘴裡就像裝滿了ＢＢ彈，一張開便不斷散射，非得弄得別人滿身傷痕。我都還沒做，你就知道不行？是你真的做過，還是你看不慣別人這麼做？你又不是我的指導教授，真的不用為我下指導棋。

很多父母也會犯這樣的錯誤，總是不由分說地阻止孩子做這做那，告訴孩子說：「我吃的鹽比你吃的米還多。」「我是要你少走一些冤枉路。」你吃的鹽比較多，那只說明你得高血壓、腎臟病的機會比較高，不代表你的判斷跟決定就會比較正確。你當年都沒走過冤枉路？而今你還不是好好地活在這個地球上？如果你這麼睿智，怎麼沒有更好的成就？

我不懂的是，多走一些冤枉路到底是會有多糟糕？只要最後到達目的地，多繞了一些路只是讓你多看到一些風景，你並不會真的損失什麼。年輕人不能太害怕失敗，適度的失敗就像讓身體感染一點小感冒，它會增強我們的免疫力，讓我們更能應付瞬息萬變的外來環境，其實沒什麼不好。在年輕時失敗總比年老了才失敗好得多，重點是必須從失敗中學到東西，而不是重複同樣的失敗。

有的人潑冷水還嫌不夠，面對別人的失敗，他們不安慰也就罷了，還以奚落的口吻說：「早就跟你說你不行了。」「你看吧，誰叫你不聽我的。」這也是超沒營養的廢話，真正的朋友不該做落井下石的事，沒格調的人才會專放馬後炮，如果你總是喜歡在別人失敗時扮演鐵口直斷的命理師，相信我，你的人緣也會被你自己斷掉。

真正的朋友不該落井下石，沒格調的人才會專放馬後炮。

何必總愛打擊別人呢？就算你真的曾經提醒過對方，也不須再補上這一刀。好話一句三冬暖，惡語傷人六月寒，酸言酸語就能表示自己高人一等嗎？我個人的觀察是，越愛在朋友面前展現自己是個先知的人，其實對自己越沒有自信，他們習慣以打壓別人的方式來撐住自己的自尊，告訴別人自己沒有比較差。

真正的朋友，會跟你分析利弊得失，從而告訴你他們支持或反對的理由，而不是一味地潑冷水。縱使你最後沒有採納他的意見，他還是給予尊重，因為他知道最後的選擇權在你身上。你們的意見容或相左，但也不至於為此互相攻訐，如果這麼容易劍拔弩張，那也必然不適合當朋友。

人性很弔詭，很多人說為了你好，其實是見不得你好；說絕不會害你的，卻常常挖坑給你跳；說會給你當後盾的人，很有可能是扯你後腿的那一個。你相信他，他其實連自己都未必相信，這樣的人能給出什麼有價值的建議？我很懷疑。

所以，請遠離愛酸你，愛潑你冷水，愛事後諸葛的朋友吧。跟這樣的人在一起，負能量只會讓你覺得自己真的很糟，糟到一無是處。我寧願獨自面對挫敗，也不願被人前唱衰後調侃。

失敗很糟，但不過一時；會損人的朋友是毒素，不遠離只會毀你一世。

把話說好，人緣更好

你有多久沒跟人吵架了？

你一定會想，誰會沒事跟人吵架？話雖沒錯，但你是否發現，身邊某些人跟別人說不到幾句話，就很容易提高聲量，甚至引發衝突。

這固然跟個性有關，有的人天生就像隻鬥雞，總想找人拌嘴，不吵不快。但某些人則是屬於不善對話，明明可以好好說的話，卻硬是說得很刺耳，聽的人很難不認為那是種挑釁，就算聽者脾氣再好，也很難禁得起這樣的刺戳，以下就是幾種典型的例子。

有些人很奇怪，心裡面或許不是那個意思，說出來卻完全變了調。例如別人幫了忙，他本應感謝，說出口的卻是：「幹嘛多管閒事，你可別以為幫了這麼點忙，我就會感謝你。」或是「沒事獻殷勤，你是不是別有企圖？」聽到這樣的話，再和善的人應該都會三條黑線臉上掛。

對於某個議題的討論，大家有不同意見是很正常的事，有的人為了捍衛自己的看法，就把別人的意見批得一無是處，然後再拋出一句：「別誤會，我是對事不對人。」我每次聽到這句話，心裡都在想：你已經把話說得那麼難聽了，還跟我說不是針對人，這樣我就會比較舒服嗎？

有時候朋友好意請客，我們做客的人當然就該扮演好自己當客人的本分，只消微笑讚美跟道謝即可，可是有些人偏偏就要破壞這樣的好氣氛。「欸，為什麼要挑這家餐廳啊，我以前來吃過，不怎麼樣……」或是「要來這裡，不如到XX餐廳，那裡的東西好吃多了。」你覺得作東的人聽到了感受會如何？

在我剛出社會時，有幾年的母親節讓我不是很愉快。當時為了聊表孝心，總會買些禮物送給老媽，但我媽是個挺挑剔不易討好的人，每次看到我挑的禮物，總是皺著眉頭說：「買的這是什麼？給我拿去退換！」讓我很受傷，於是本該溫馨的日子一下子全變了調，有人不高興，有人受委屈，根本是個災難。這個狀況一直到我改成包紅包之後才消失，但我媽現在完全不承認有過這一段。

有的人陰晴不定，難以捉摸。需要你的意見時低聲下氣，不需要時又將你一腳踢開。當你的答案是他想聽的時候他就說：「嗯，英雄所見略同，我就知道你的眼光跟我差不多。」如果你說了他不想聽的答案，他就臉色大變：「你有沒有搞錯啊？真沒想到你的品味這麼差，你是我朋友嗎？」現在是怎樣？順我者昌，逆我者亡？

有些人則永遠在試探別人的底限。你問他意見，他永遠說隨便，沒意見；等你做了決定，他卻成了意見最多的那一個。問他為什麼之前都不說，他就說之前沒想到或是不好意思說，如果你堅持不採納他的意見，他就說你不尊重他，故意跟他唱反調。不然就說：「那我不去了，你們自己去。」逼得別人只能改變計畫。

這些人常常可見於你我身邊，說他是故意要激怒人，他似乎又沒有那個意思，但他們就是有本事搞得人牙癢癢的，恨不得把他的嘴縫起來。

好好說一句話很難嗎？其實不會，但真的需要練習。

> 好好說一句話其實不難，
> 但真的需要練習。

上面這些負面例子絕對有更好的表達方式，別人幫了忙，只要誠心說聲謝謝就好。意見不同而互有攻防時，說句：「對不起，如果我剛剛冒犯了你，我願意道歉。」別人送了禮物，即使你再不喜歡，也別糟蹋人家的好意，一句「謝謝，我收到你的心意了。」是送禮的人最想聽到的回應。人家給你意見，即使跟自己相左，「謝謝，我會參考的。」是不是禮貌又不得罪人？

把話說好，你的人緣會更好。

說廢話，也是一種文化？

你有沒有算過，一天之中自己到底說了多少「廢話」？根據統計，一個人每天所說的話當中，至少有一半是廢話。

為什麼有這麼多廢話可說？除了一部分是不經思考脫口而出的話，像有人一見到朋友就要問：「在幹嘛？」「吃飽了沒？」或是一群人出去吃飯總有人問吃什麼，然後就有人回答隨便。情人之間總愛問方：你愛我嗎？

有的人雖然經過思考，但說出的仍是廢話。像記者總愛追著受害者問：你現在很難過嗎？（難道他可能開心嗎？）父母問考差的孩子：你到底會不會呀？（就是不會才考差呀。）生活習慣不佳的病人總是問醫師：為什麼我的病都好不了？（如果不改變習慣，想要好只能靠奇蹟。）

我其實不太喜歡跟半生不熟的人聚會，也不太愛參加喜宴，為什麼？因為總會聽到一大堆廢話。這個人問那個人為什麼還不結婚？那個人問這個人為何不生小孩？這人問那人孩子考上哪裡？那人問這人孩子在哪工作？這些事情跟你有什麼關係？如果跟你沒半點關係，不就等於是在說廢話？

你會說，但是如果不在那樣的場合裡隨便找些話題來聊，場面不就變得很冷清很尷尬？其實真是多慮了，現在大家人手一支手機，你真的可以不用說那麼多廢話，我覺得這是手機的另類功用，在不想參與沒有營養的談話時，它是最好的擋箭牌跟保護傘。

如果你真的很想嚼舌根，也可以挑些比較有意義的話題，聊時事、聊最近看過的書籍、聊彼此的休閒興趣，甚至聊正在追的劇，都比東家長西家短對別人的家務事說三道四好得多。

熱戀中的情侶也特別喜歡說廢話，說好聽一點叫做「戀人絮語」，講白了就是白癡話，不是整天追問對方行蹤東猜西猜疑神疑鬼互相討拍，就是把彼此的智商降至六歲以下說一些小孩才會說的幼稚疊字。自己覺得很甜蜜，旁人看了是雞皮疙瘩掉一地，等熱戀期過去，自己也會覺得肉麻當有趣。

其實仔細想想，廢話在我們的生活裡真是無所不在。小時候學校裡的週會，各級主任冗長又毫無重點的訓話。長大後你參加的各種典禮、婚宴，台上長官來賓令人呵欠連連的致詞。政治人物競選時看似慷慨激昂卻不斷問你對不對啊、好不好啊的口號。

當廢話成為一種文化，整個社會就很容易沉浸在廢話之中而不自知。不過這也不是現代才有的問題，早在春秋時代，孔夫子不就說過這樣的話：「群居終日，言不及義，好行小慧，難矣哉。」講白話些，就是說你們這些人整天聚在一起，淨說些沒意義的垃圾話，還愛賣弄小聰明，實在很難有什麼出息。

> 每個時代的廢話都一樣多，無論科技多進步，文明多發展。

這樣的批判放到今日，未必能成立。很多成功企業的老闆，也常常滿口廢話，但不能說他們沒出息，只不過我們可以知道，每個時代的廢話都一樣多，無論科技多進步，文明多發展。

廢話雖沒有營養，但至少不太傷人，就算誤傷了人，通常也是無心之過。雖然看似浪費時間，卻是某些人不得不然的生活日常。有一次一個朋友給我看一段網紅的直播視頻，我看了半天，全是她在跟一些網友無聊的招呼對話。

「就這樣？這有什麼好看？」我實在很不解。

「她是很紅的直播主耶，超多人迷她的。」

原來現在說廢話也能名利雙收，我想孔夫子要是活在現代，論語恐怕也要重寫了。

你也常說廢話嗎？沒關係，或許也有出頭的一天。

與黛玉相處，你需要高情商

《紅樓夢》無疑地是部偉大巨著，頌詠了一段可悲可泣的愛情。女主角林黛玉自小體弱多病，十分聰慧靈敏，卻十分小心眼，說話直來直往有時顯得苛薄。日前我在臉書上問朋友：在現實生活中，你喜歡黛玉這樣的女孩子嗎？出乎意料的，大家幾乎一面倒地說不。

我的臉友年齡跟我相近，他們不喜歡的理由不難理解：

「這樣的女人太難搞，怎麼做都無法討好，只會挑語病。」

「整天病懨懨的，風一吹就倒，一點活力也沒有。」

「自卑過頭轉成了自傲，看每個人都不入眼，幹嘛自討沒趣？」

「動不動就死活掛在嘴邊，看什麼都能多愁善感，誰有那個閒時間陪她去葬花？」……

真是有點毒舌，卻也道出了這個年齡的實際心態。

那麼年輕一點的人呢？會不會就有不一樣的答案？我不知道。我只能說，如果我再回到十七八歲，我一樣不會喜歡她。為什麼？因為我自己就是一個會想很多的人，自己都已經這麼複雜，如何去跟另一個也很複雜（應該說心思細密）的人好好相處？那不就兩個人每天不是熱吵就是冷戰，因為彼此都在猜來臆去。

除非你有把握當好別人肚子裡的蛔蟲，不然跟林妹妹這樣的女人談戀愛或交朋友，下場通常不會太好看。

脫離感情世界，職場裡有沒有林黛玉這樣個性的人？有！而且我告訴你，這樣的人還真不少。

他們自恃有一些能力，所以常常會有意無意地瞧不起身邊的同事，看到別人犯錯，不出手相助還冷言譏諷。如果別人受到嘉獎，便是一陣酸言酸語，認為別人只是運氣好，如果讓他來做，一定會做得比那人更好。

尤有甚者，如果大家在分享東西剛好沒有給他，他就說自己被排擠；如果給了他卻不是頭一個，他就說果然是別人挑剩的才給他。別人只要說了一句讓他不高興的話，他可以記仇一輩子，動不動就翻出來奚落。要是他自己失言惹惱別人了，就說別人氣量狹小開不起玩笑。

這樣的人在辦公室裡是個讓人不愉快的存在，雖然未必威脅到你，但他渾身的刺就像一隻刺蝟一般，令人望之生畏。你以為只要不去觸碰就能相安無事，他卻偶爾從你身邊掃過刷出一道道你無法忽視的存在感。

當然林黛玉並非沒有優點，她其實有些才情，也懂得不強出頭不與人爭的生存法則，所以某些老闆還滿喜歡這樣的員工。但老闆或許不需與他長時間相處，可以無視他嚴如霜雪的表情言語，就算他敢酸老闆，只要能有具體貢獻，老闆大概也會睜一隻眼閉一隻眼。

老闆容忍了，卻讓整個工作場合變成了試煉人性的道場，除非你情商夠高，不然很難不被這樣的人激怒，長期下來，再好的同事情誼都會被磨耗殆盡。其實要對付林黛玉型的同事也不是沒辦法，重點在你比他早出手，別誤會，不是叫你先奚落他，那只會變成一場狗咬狗的鬧劇，

黛玉性格的人不少，
或許我們自己也曾在某個
年齡階段中是這樣的人？

而是要你先自嘲。

當你先酸了自己，他必然自討沒趣，而且敏感的他們，立刻就會察覺出這是個明顯的反諷，自然會退出風暴圈。你破了他的梗，他的招數無法施展，戲也就唱不下去了。

黛玉性格的人不少，或許我們自己也曾在某個年齡階段中是這樣的人，但當你成熟了，經歷了一些磨練，這樣的性格不是不會修正。林黛玉若不是死得太早，應該也會越來越圓融，為她自己曾經的尖銳苛刻而後悔不已。

當然，如果你很愛林黛玉這樣的性格，就請忽略本文，盡情享受被虐的樂趣吧。

Part 5

認識自己，善待自己

改變，離開人生的極地圈

渡邊直美是日本家喻戶曉的全方位藝人，她的母親是台灣人，小時候也在台灣住過一段時間，因此對台灣有一份特殊的感情，台灣的觀眾對她也不陌生。

直美的招牌就是她一身圓潤的身材配上艷麗的妝容，奇妙的是她的動作超級靈活，一點也沒有笨重感。這樣的元素組合在她身上完全不違和，反而變成她的超級特色，也成就了她在日本藝能界無人可以替代的地位。

這樣身材的女性通常是自卑、嚴重缺乏自信的，如果做個問卷調查，我相信有超過九成的棉花糖女孩一定過得不甚開心，其實渡邊直美在學生時期也是如此。她曾說自己在青春期時飽受歧視霸凌，甚至一度曾有輕生的念頭，後來冷靜思考這樣完全不值得，才沒有做出傻事。

她靠著無比毅力才突破障礙，一步一步走到今日的成就，但我必須說，一萬個胖女孩裡不知道能否出現一個渡邊直美，在她的背後，其他的九千九百九十九個大部分都備受煎熬。即使如此，日子還是得過下去，要不強顏歡笑，要不自暴自棄，不管選哪一邊，都是辛苦。

但妳可以不要這麼辛苦，身材是自己的，礙著誰了嗎？除非連妳也不喜歡自己，不然沒有人有權利對妳的人生指手畫腳。

這世界很奇妙，明明高矮胖瘦的人都有，卻常習慣將美的標準單一化，好像在催眠大家一定要怎樣的身形臉蛋才叫美。久而久之，我們也就習慣了這樣的標準。如果妳以此為標準而努力去達成，那要佩服妳，畢竟這需要極大的努力與毅力，看看那些光鮮亮麗的明星們，誰不是為了維持自己的形象而吃足苦頭，這是他們成名需要付出的代價，也是作為一個演藝人員的職業道德。

但不是每個人都立志要成為巨星，也不是每個人都有維持身材的毅力，妳不需要讓自己的身體裡隨時住著一個超模魂。老實說，那些超模身上的衣服不見得適合妳，就算妳勉強擠得進去，也未必好看。如果妳連裸身站在鏡前檢視自己的勇氣都沒有，穿什麼妳都不會完全滿意。

渡邊直美當然也經過一番掙扎，不過她終於悟出一番道理：要別人喜歡自己，妳一定要先喜歡自己。不管別人說什麼，妳必須先接納自己，跟自己好好相處，如果連妳都厭惡自己，神也拯救不了妳。能做到這一步，妳要擺脫他人的眼光才有可能。

人家要怎麼看妳、批評妳，那是他家的事，妳不必全聽進耳裡。別人的話可能連他自己都說過就忘，妳又何必撿起來懲罰自己？這世上最愚蠢的事之一就是猛把別人無意識的酸言酸語當成蛋白質來毒害自己，妳的時間有限，用來對自己好都嫌不夠，不要浪費在垃圾言語之中，那不會滋養妳。

有句老話是「沒有醜女，只有懶女」，其實我覺得這句話應適度地修正成：「沒有醜女人，只有不懂如何打扮的女人」。

憑良心講，這世上真的天生麗質的人實在是少數，就連很多女星在卸了妝之後，也一樣平凡如路人。所以只要肯打扮，實在沒有不變好看的道理（肯打扮跟胡亂打扮並不一樣，並不是撿到籃裡的就是菜）。了解自己的特色，適度的遮缺揚優，妳就會變得不一樣。

時間有限，用來對自己好都嫌不夠，不要浪費在別人的酸言酸語之中。

重點在喜歡妳自己的打扮穿著，妳自己看了開心最重要，女生不該只為悅己者容，更該為悅己而容，當妳因為自己的外表而開心，自然會散發一種自信，也就會形成一個磁場，拉近跟別人的距離。這是一個良性循環，但妳必須願意改變。

當妳走在改變的路上，才能離開人生的極地圈，迎向欣欣向榮。

見字如人？關於寫字這件事

知道我開業二十年來的一項特殊發現是什麼？那就是現在年輕人的字越來越醜了。

因為每個病人進來一定要先填初診資料，這一填，字的美醜就一目了然。我常常看著病歷想，現在的孩子真好命呀，都上了高中大學，字寫成這樣，必然是小時候沒怎麼在練字。要是我當年小學時生字簿寫這樣交出去，應該會被老師批個乙下，然後要求家長要加強督促吧？

字寫得不漂亮也就罷了，居然還能有錯字。我必須承認幫人挑錯字是我的壞習慣（但也是強項），可能跟我寫作常需要校稿有關。現在的年輕人已經用慣電腦，動筆的機會越來越少，選字也不勞自己費心，所以就算寫了錯字也不自知。

我以前總會覺得這樣很不ＯＫ，連自己的語言文字都寫不好，使用得不精確，實在不是一個受過教育的人該有的表現。但近年來我的想法越來越開放，反正現在大家都用手機電腦傳遞訊息了，字的美醜有誰知道？除非就醫或到公家機關或銀行辦事情存提款，不然你的字好看與否根本沒人知道，也無足輕重。

現在大家都用手機電腦傳遞訊息了，字的美醜有誰知道？

我剛開始寫書的時候，還是使用稿紙的年代，我寫完一本書稿，還得跑去影印店複印一份，才能寄給出版社，我的前十本書都是這樣完成的。當時編輯收到我的稿件，都會稱讚我的字工整易辨，他們說有些作家的字簡直潦草到無法閱讀，還得再三跟作家確認。

我想現在的編輯應該比較不會遇到這樣的事情，這年頭還堅持用稿紙手寫的作者應該是鳳毛麟角了。

非但寫字的工作者少了，連現在的考生也不太需要在乎字寫得好不好。畫電腦答案卡取代了傳統敘述性答題方式，連作文的比重都一降再降，很多學生乾脆放棄這一部分，把準備重心放在其他容易拿分的項目。我曾經聽一位閱卷老師說，以前作文占分較重，大家還比較會認真寫，而字寫得漂亮的考生也真的容易博得好印象；但現在學生普遍字都寫得不怎麼樣，讓他看得挺吃力，偶爾出現一份字寫得工整端正的卷子，還真會有眼睛一亮的感覺。

我在剛出社會時電腦還不普及，謀職時自傳還是得手寫，一位主管看了我的自傳，大大稱讚了我的字，我不知道後來的錄取跟這有沒有關係，不過聽到這樣的讚美還挺開心。還有一次陪老媽去看眼睛，我幫老媽寫病歷資料，櫃台人員一直盯著我的字看，然後脫口而出：「你是老師嗎？字真好看。」

我笑著搖頭，但也不打算表明。後來我去隔壁藥局幫老媽領藥時，這個櫃台人員又問了我媽一次我是不是當老師的，我媽才跟她說了我的職業。「啊，妳兒子的字真漂亮。」我媽轉述這句話時似乎還帶著一絲驕傲。

「字好看在這個時代不吃香了啦，現在都用電腦打字，誰還用手寫？」我說。

我媽雖沒說什麼，但還是帶著笑意。當媽的都這樣，只要有人稱讚兒子，都撿起來當寶。

我想再過幾年，連掛號開戶等事項都不需填寫資料了，書寫這件事真的就要從人類必學的事中漸漸淡出。老師對學生的要求可能也會從端正工整降到只要能看懂就好，因為實際的效用不大，與其花時間練字，不如拿來訓練打字的速度。

見字知人，是我國中老師給我下的評語。唉，我想以後這樣的評語也該不復存在。

榮譽，不是拿來折磨自己的

一個小朋友來拔乳牙，一進來就一張臭臉。問他是不是因為要拔牙所以不高興？他媽媽笑著說：「他是因為考了第二名啦。」

天啊！考第二名應該要開心才對，幹嘛臉臭？我看著媽媽，眼光帶著狐疑，媽媽立刻搖手說：「不是我喔，我沒有要求他一定要考第一名，是他自己的自我要求。」

唉，這個孩子一定有「第一名情結」，我很能體會。

我小的時候也是個把成績看得很重的孩子，未必是要爭奪第一名，但若考得不如己意，也會失落好幾天。我從不認為自己是個聰明的學生，每每聽吳淡如說她根本不須怎麼準備，就穩坐全校第一名寶座，我只有瞠目結舌的份。我是個要很努力、很勤懇地念書才能把成績考好的類型，也因此成長的路上少不了磕磕碰碰、滿身傷痕。

這種個性的孩子會過得很辛苦，因為要不斷努力去保住得來不易的榮耀，一旦跌到自己的期許之外，就會有很強的內疚感。有些孩子的第一名情結來自父母的壓力，可能家長都是高知識份子，覺得孩子一定要有好成績才有顏面；他們沒想到的是，每個人的天賦不同，會讀書的父母也未必就能保證一定生得出同樣的孩子，以自己的標準去要求孩子，不但不公平，也可能扭曲了孩子的人格。

也有一部分的孩子是自我要求過高，旁人並沒有對他施壓，他自己就追求完美。這類孩子或許智商很高，但情商卻相對低落，只要表現稍有不完美，便不斷自責。他們的世界裡只有課業最重要，其他皆日可略，家長雖然自稱沒給壓力，卻也不見給予任何疏導，而學校老師為求整體升學率提高，更是成為搧風點火的推手。

因為只活在學業的世界裡，他們對生活裡的其他事物多半漠不關心，人際關係也不會太好。他們在班上永遠只有敵人，很難有知心好友（或許他們也不認為自己需要朋友），所以總是獨來獨往，像一隻孤鳥。

說到這裡我想起自己國中時做過的一件蠢事，我國中時有一次月考考了第一名，正在得意洋洋的情緒裡，第二名的同學對我撂下一個挑釁，他說下一回一定要考贏我。當時我目空一切，心想你就放馬過來吧，結果沒想到下一次的月考我們的名次果然互調，我從此不再跟他說話，一直到我們畢業。

這件事我一直擺在心裡，雖然後來我們都消失在彼此的生活裡，但我在很久之後才體悟到當年的自己實在太無知，我們明明可以是很好的朋友，怎麼會搞得老死不相往來？還好老天給了我一個修正錯誤的機會，幾年前有位國中同學提議要開一次同學會，我跟當年的「世仇」都赴了會，我在席間舉杯向他道歉，坦承自己當年的不成熟。

事隔三十多年，兩人終於打破心結，上演了一齣大和解的戲碼。

我的故事還算有個美好的結局，但我相信我算是極少數的案例，大多數這樣的孩子可能就踩著這些細碎的競爭長

榮譽，不是
拿來折磨自己的。

大，又把同一套思維帶入了職場，不知何時才能頓悟，即使頓悟了也為時已晚。

這個孩子還小，才小五吧，我想對他說的是，你的路還好長好長，還有好多繁花似錦跟日升月落可以慢慢詠嘆欣賞，真的不要浪費生命在明明該開心卻跟自己鬧情緒的事情上，那真的太不值得了。不只這個孩子，每個正在看這篇文章的人，只要你有相同症頭，都適合拿我這張處方箋。

榮譽不是拿來折磨自己的，否則一萬個第一名也形同棄物。

沒拿甲上，人生就不美好？

到了一定的年紀，在朋友聚會的場合聽到的，幾乎全是孩子的教養話題。大家談的不是要把孩子送到什麼名校就讀，就是在學校裡的成績如何，或是怎樣加強孩子的學習能力，讓孩子別輸在起跑線上。

我在一旁聽著，完全插不上話，卻陷入長長的沉思。

很多媽媽心裡都有一條自己畫的起跑線，在孩子還搞不清楚狀況時，就急著把孩子推送到起跑線前，自顧自地鳴槍起跑。我看到很多朋友的孩子，行程排得比大人還滿，一週七天天天要補不同的項目，連才藝也不能少。孩子很可憐，不管喜不喜歡都要照單全收，每天忙得團團轉，到底真的吸收了多少我不曉得，但絕對沒有一張可愛的笑容。

也有很多媽媽不知不覺中就變成了橡皮擦媽媽，只要孩子的作業寫得不如己意，拿起橡皮擦就大擦特擦，要孩子一直寫到自己滿意為止。結果原本就夠多的作業分量更加倍，讓孩子每天寫作業都成了苦差事，像一場醒不過來的夢魘。

我必須說，這些媽媽的要求根本只是在滿足自己的虛榮，除了讓自己得到強迫症之外別無好處。

請問你出了社會之後有人會跟你要過往的作業簿來看嗎？如果沒有，你作業寫得再好看是要做什麼呢？

我小的時候過的是一種甲上人生。作業本上老師批的幾乎都是甲上，還會蓋一個美美的飛雁章，我真的是那種很會寫字的學生。每回教學觀摩日，我的作業總會被老師挑出來展示，讓其他家長看看有個學生能把作業寫得又乾淨又漂亮，那是我最有虛榮感的日子。國中的時候我因為擔任學藝股長，必須負責寫班會紀錄簿，我居然可以因為書寫得太工整而獲頒獎狀跟獎金，算是意外的收穫。

甲上人生在離開國中之後就幾乎無用武之地了，高中之後，比自己優秀的同學多得是，自己的甲上根本不值一哂，你以為自己跑得很快嗎？會輕功、凌波微步的一大堆，就算把起跑線畫得比別人前面很多，還是跑不贏人家啊。

就算這樣，難道我就不能過好自己的人生嗎？當然不是。

我有一個國中同學，當年成績只能算中下，脾氣暴戾一臉凶相，說實在的我對他的印象僅止於此。高中聯考他什麼學校都沒考上，後來只能去讀一所私立中學，之後再沒有任何聯繫。幾年前一次同學會，他遞來一張名片，現在已身為國內一家知名金控公司某分行協理了。

他說他高中畢業後先去當兵，退伍後考上一所私立大學，雖然一路走得跌跌撞撞，但也算步上坦途。簡單幾句話，卻讓我深有感悟。一個人的成就，真的不是由小時候的成績來評定的。

如果以大部份父母的眼光來看，我這個同學老早就輸在起跑點了吧？恐怕連參加競賽的資格都沒有。但是他沒有自我放棄，雖然走的路比較崎嶇，還是抵達了目的地。人生的路不是只有一條可走，也沒有人能保證走哪一條路就一定能成功，最後你會發現，起跑點在哪裡真的不是那麼重要，重要的是你有沒有認真往目標前進。

我的甲上人生已經過去三十多年了，要是我知道世界

起跑點在哪裡不是那麼
重要，重要的是你
有沒有認真往目標前進。

演進地這麼快，當年應該會把那些努力刻意把作業寫好的時間挪去做些更有意義的事，因為那些曾經的甲上，現在也不過留在歷史的灰燼裡，沒有為我孳生任何利息。

你是為孩子畫起跑線的父母嗎？自己去跑跑看吧。

愛得過多，怨得更深

有個診所的常客最近來看牙時，提到一個已嫁出去的女兒決定不再跟她往來，一副泫然欲泣的模樣。

病人提起他們的家務事，我通常都是聽聽就罷，不參與討論。家務事，清官難斷，更何況我只是個牙醫，無須淌渾水。而且每個人的立場不同，單聽片面之詞，很容易被誤導，我沒有必要跟他們同仇敵愾。

這位歐巴桑的故事說來落落長，我不想花太多篇幅描述。簡單地說，就是大女兒認為媽媽對弟妹比較偏心，不但給的資助不均，也對孫子們大小眼，讓她大女兒心生怨懟。大女兒覺得既然母親只偏愛弟妹，那母親的未來就交給弟妹們去發落，她不再過問，以後也不必往來。

歐巴桑當然不認為自己偏心，她覺得自己對每個孩子的付出都一樣，怎麼會換來大女兒這樣的回報？一定是女婿一直在詆毀她，才讓女兒變了一個人，她真的很寒心。

我其實很想問，她到底有什麼好寒心的？兒女都已各自成家，本來就是「一人一家代」，每個人都有自己的家庭要照顧要操持，她跟兒女的往來本來就會漸趨稀少，看她還有餘裕去資助兒女、幫忙帶孫，顯然她的經濟狀況也還不錯，根本不需靠兒女奉養，這樣的老人家照說是最幸福的，何必心寒？

我們根深柢固的孝道觀念讓老一輩的人一直有養兒防老的心態，所以他們對兒女是有期待的，當這份期待破滅時，心中的失落感可想而知。我有個學姊移居美國多年，每次看到台灣有父母告子女棄養的新聞，她都覺得很荒謬。因為在歐美地區，法律中根本沒有棄養父母這條罪，他們認為每一個成人都該為自己的人生負責，所以沒有父母會把自己的老年生活寄託在兒女身上，那是他們該為自己盤算的事，不是其他人的責任。

這個歐巴桑的問題出在她自己替兒女做得太多，但人性本來就容易比較，你自認為做得夠公平，接受的人卻未必是相同感受。與其「做到流汗、嫌到流涎」，不如不要做那麼多，這根本是自討苦吃。

愛得過多，伴隨而來的可能是怨得更深。這是一顆不定時炸彈，它並非隨時會爆炸，但一定會在可預見的未來被引爆。請記住，子女一旦被生下來，你就再也塞不回去，而他們也注定成為你的貼身包袱，這包袱你想揹多久？是不是要扛終身？其實是你可以決定的。

有些子女你在年輕時並不認為將來會造成隱憂（或者該說是禍患），但到了老時卻換了一張臉，讓你懷疑他不是自己親生的。你本以為老有所依，他卻只圖你那份遺產，你以為為他做牛做馬，他卻當你是個累贅。如果你也認為兒孫自有兒孫福，那就不需把已成年子女甚至是已婚子女的大小事都拿來當成自己的責任，當他們有困難而你也行有餘力，要伸援手是你情我願，別把這個當成浩蕩皇恩要求回報。

你自認為做得夠公平，接受的人卻未必是相同感受。

華人文化一直教育子女孝道觀念，我記得我小學的時候還要背誦孝經，抽考不過必被杖責。但諷刺的是，在這麼講究孝道的教育之下，我們卻常聽聞年長者在抱怨子女不孝不賢，紅樓夢裡的《好了歌》最末兩句就是：「世人都曉神仙好，只有兒孫忘不了？痴心父母古來多，孝順兒孫誰見了？」可見這種矛盾縱貫古今。

這位歐巴桑至少還能自己好好過，也還能找人吐苦水（雖然我是被迫傾聽），有多少人是苦往肚裡吞，在外還要為了面子稱讚兒女？仔細想想，罪魁禍首其實是自己。

好好地活到老，別讓終點盡是折磨

有一位熟齡的女性友人最近剛把母親的後事辦完，完成了這件她認為人生中極重要的大事之後，整個人鬆了口氣，臉上出現了久違的一抹陽光。

她的父親五年前因癌症過世，之後不久母親也因長期勞累而中風臥床，她在工作與照顧母親之間疲於奔命，整個人瘦了一大圈。一個哥哥長期在大陸工作，一個妹妹嫁到南部，幾乎沒能提供任何支援，而她，單身未婚。

她在照顧母親的這幾年中，有一個最大的體悟，她將來絕不能麻煩（或連累）到其他家人，她完全清楚那絕對會把一個健康的人拖垮。雖然從她父母都在世時就一直很擔心她沒結婚的這件事，但她覺得這個選擇並沒有錯。

她認為母親本來應該可以健康地多活幾年的，要不是為了照顧父親太過勞累，也不至於中風倒下，結果又連累到她，這像是個骨牌效應，如果她也因此累癱，就真的是悲劇一場。她說她絕不是希望父母早點過世，但是如果父母的病一直持續下去，她的生命可能也會跟著葬送……

我完全理解她的意思。

我也看過親戚裡有晚輩為了照顧他們臥病的長輩弄得心力憔悴，甚至兄弟姊妹為了誰該照顧計較不休，長輩變得沒有尊嚴。雖然還不至於變成人球被踢來踢去，但長輩看在眼裡也是痛苦萬分。我想他們如果可以選擇，大概會希望提前了結生命，不要讓子女為了自己反目成仇。

根據主計處的統計，我們國人的平均不健康存活時間已超過九年，如果我們的平均壽命逐年增加，但健康平均餘命沒有跟著提升，那就代表最後的臥床時間也會跟著延長，這會讓照顧者的負荷更加沉重。照顧者的工作不僅是勞力，更是勞心，如果家中沒有一個好的支持系統，對照顧者而言，這個殺傷力可能不亞於被照顧者的疾病惡化。

以前很多父母希望子女能找到終身伴侶，其中的一項原因是：將來老了能有個人照顧你。但仔細想一想，當你老了，你的另一半一樣也老了，可能比你更老，到底是誰要照顧誰？

如果你的另一半比你先走一步，最終你還是必須獨自一個人，你又能寄望誰？寄望子女是不切實際的，就算兒女都孝順，也願意照顧你，到頭來你只會希望不要拖累他們，不要讓他們因為你而生活陷入紛亂。這還是子女在身邊的，若是子女人各一方，鞭長莫及，或是子女根本對你不聞不問，你還會覺得當年父母要你結婚是個正確的決定嗎？

雖然說生老病死是人生常態，但很多事情不一定會按照你計畫的路徑來進行，甚至比颱風還難以捉摸。你能做的充其量就是盡量把存款準備足夠，把身體鍛鍊硬朗，這樣即便遇上了臨時風暴，也不會陷入無盡的慌亂。不要跟我說你做不到，因為這已經是最能掌控在你手裡的因素了。

你要盡力做到，因為你必須。

靠人不如靠己，這絕非僅是一句口號，而且你必須要提前部署，否則需要的時間會來得比你想像的快許多。而

好好地活到老，
不讓自己變成別人長久的負擔。

且平均壽命不斷延長，九十歲的人生很可能會變成常態，你不能再想著提早退休，反而要學習如何延長自己的工作壽命，要能好好地活到老，不讓自己變成別人長久的負擔。

人生的終點從來不是好事一樁，不是折磨自己（病痛）就是折磨別人（要人照顧）。兩相權衡，我還是覺得能少折磨別人就少折磨些，留下的回憶會比較美好。

珍惜時間成本，你會成為富足的人

時間就是金錢，是一句老掉牙的諺語。

不管你遵不遵從，但基本上你應該不太會反對，畢竟大部分人所賺的每一分錢，都有時間成本在裡面，也就是你把工作時間浪費在其他無效益的事情上時，基本上就是一種損失。

每一次只要有商家辦什麼一元便當、免費送雞排等促銷活動，就會有一大堆人排隊，無所事事地在現場等上三、四個小時，只為了領一份可能只有價值不到百元的東西。我看到這樣的新聞，總覺得不可思議。

他們是真的三餐無以為繼所以必須去排隊，還是只是去湊熱鬧？

如果是前者，那我無話可說。但我常看到去排隊的人衣著光鮮，應該也不是無業遊民，我不懂的是，花了那三、四個小時，只換來百元不到的回饋，這些時間難道沒有更高的產值？如果花在工作上，搞不好可以賺到數百元，何需來排隊，還得忍受風吹日曬？

很多人以為他賺到了一頓免費的午餐，其實他損失的更多。

明明仔細分析就可以知道這樣的行為不夠聰明，但只要店家祭出這種促銷手法，還真是有效，原因就是洞悉了人性。很多人往往只看到眼前的利益，總覺得能先搶就算賺到，但忽略了這背後的陷阱是你必須用你寶貴的時間去換。

除非你的時間太多，多到你可以恣意浪費，否則不要去做這麼不合經濟效益的事。那些排隊毫無意義的等待，看在時間永遠不夠用的人眼裡，可能會覺得是糟蹋生命，他們恨不得這些時間能讓他們好好利用。

微軟創辦人比爾蓋茲曾發表一段話，談及他對時間的看法：「我不喜歡浪費時間。我喜歡行程排得滿滿的，幸好我有多次出差經驗，到達機場的時間連我自己都覺得很有效率。我很清楚該預留多少時間，不過我可不是那種起飛前一小時就到機場等待的人，對我來說那也是一種浪費時間。」

他連候機的時間都不肯多浪費，足見他對時間有多珍視。

我們或許沒有比爾蓋茲那樣的頭腦與事業，但還是可以學習他的時間管理觀念。時間管理聽起來很艱深，其實說白了就是把每分鐘做最有效的運用，跟把每一塊錢都花在刀口上是一樣的概念。

以前在念書的時候，我必須坐一個小時的車才到得了學校。這一個小時說長不長，說短不短，我當然也可以睡覺發呆看風景，但我常拿來準備考試。很多次我都利用這段時間把月考的範圍複習完，考到不錯的成績。

開始工作後，我也持續寫書，很多人都問我：「看診的工作不是很忙嗎，你怎麼還有時間寫東西？」其實我很多文章都是利用看診之間的零碎時間完成的。這當然是拜我們採約診制之賜，如果兩個約診病人之間有幾分鐘的空檔，我就試著寫點東西，長期下來，累積的稿量就很可觀。

大概七、八年前，我開始強迫自己慢跑，主要的目的是控制體重跟血壓。我都利用下午看完診要回家前的這段時間，到診所附近的一所國中操場跑。因為這段時間剛好是下班的尖峰時段，與其塞在車陣裡浪費時間，不如用來

時間就是那麼多，好好運用你就能多做一些事。

鍛練健身，跑完五公里，再沖個澡，回家的路上已一路順暢。

時間就是那麼多，你會發現，好好運用你就能多做一些事。最可悲的就是該工作時想著玩樂，該玩樂時卻又掛心工作，結果兩者都無法盡興。上帝其實挺公平，給每個人的一天都是二十四小時，會善加利用的人就會比較富足，你無須忌妒羨慕，只要改變觀念。

為孩子賣命，是愛還是害？

日前一位年輕的約診病患來看牙，明顯的遲到了十幾分鐘，我略有微詞地責備他為何遲到，沒想到他竟回答我：「都是我媽啦！我叫她要叫我，她竟然沒叫……」

你以為他還是小孩子嗎？錯錯錯，他已經三十歲了。

三十歲，而立之年。有人都已經結婚當爸媽了，但這個年輕人還在賴爸媽。你以為這樣的人很少嗎？事實是還真不少，我們的病人中，年過三十還要父母陪著來的時有所見，是來當保鑣的嗎？我常跟這樣的年輕人說：「你放心，我們不會把你活剝生吞，下次可以自己來。」

我也聽過朋友的例子，他說他們應徵新人，居然有人還帶爸媽來助陣。他真的很疑惑，如果一個人找工作還要爸媽陪，那是不是上班也要帶著父母一起來？遇到困難是不是也要父母幫你出頭？他完全無法想像如果雇用這樣的人會給自己找來什麼樣的麻煩，所以當然很客氣地請他回家等通知。

這樣一群無法獨立的族群，是拜誰所賜？說來說去還是他們的父母。若不是他們的父母處處呵護、百般寵愛，怎麼會造就出這一群生活失能者？

提到這點，我總要誇讚我媽的智慧，她雖然是家庭主婦，但她從來不會獨攬家事，總是找機會訓練孩子。美其名是幫她的忙，其實就是希望孩子如果自己獨自生活，也不會陷入困境。所以我國小五年級就會煮飯、煎蛋、炒青菜，如果我媽有事外出，我理所當然成為她的職務代理人，絕對不會餓到我們兄妹幾個。

我記得大學時，常到同學租屋處煮一桌飯菜請幾個外地生打牙祭，每個同學看到我掌廚都覺得不可思議，因為他們最拿手的手藝也不過就是煮泡麵或煮火鍋，那對我而言等於零廚藝。只是把現成的食材丟進滾水裡算什麼廚藝？可是你知道嗎？時至今日，還真有人連這麼簡單的事也不會，因為太習慣飯來張口，根本沒有動手的機會。

父母這麼寵愛孩子的後果，不是苦了孩子，就是苦了自己。如果孩子有一天因為求學或就業不得不離開家獨立生活，馬上就成為一個生活失能者，什麼都只能買現成的，最基本的食衣住行都必須從頭去適應，當然辛苦。如果他一直都沒離開家，那父母就得不斷地供其基本生活之所需，成了標準的老奴，只能認命。

而且賣命當老奴，還不一定能得到一句感謝，反而被視為理所當然，如果沒有滿足需求，還會被埋怨，實在可悲。試想：來看牙遲到了都能怪罪到媽媽的頭上，這樣的人能委以大任嗎？我懷疑他念書時如果遲到了，大概也都是用老媽沒叫他起床當擋箭牌。問題是他能用這個藉口到幾時？你認為有哪一個老闆會買單？

看到很多朋友總是搶著幫孩子做這做那、剝蝦剝橘遮風擋雨，我的心裡總會飄出一些說不出口的獨白：你不放手讓孩子去做，怎知孩子不會？怎知孩子不能？你什麼都幫他做了，又怎能奢望他能有學習的機會？

可是我不能說出來，因為我知道每個父母都放不了手。對於一個沒有生兒育女的人，他們會認為我說出這樣的話是因為「不食人間煙火」，我只會遭白眼，不會獲得

很多父母以為自己給的是愛，
實際上卻已不慎跨進了害的領域。

認同。

但我還是覺得，愛與害其實界線並不清晰，常常很多父母以為自己給的是愛，實際上卻已不慎跨進了害的領域，慈母多敗兒絕對是一個經過統計而來的結論。等到發現，後悔早已嫌晚。

從愛到害到反噬，是個漫長連續的過程，在哪個時間點該放慢速度，或許沒有標準答案，但一旦失速，要扭轉回正軌怕是無力回天。

陷入父子騎驢窘境？你需要新中庸之道

這個世界就是這樣，很多事情總存在著正反兩面的意義。如果你只聽到一面，可能把它奉為聖旨，如果聽到了另一面，又會變得不知所措。

這樣的例子太多，隨便舉都有一拖拉庫。例如有專家說睡前喝一小杯紅酒有助睡眠，也可以預防心血管疾病，但也有另一種研究指出長期這樣喝紅酒會增加罹癌的風險。有人說一天一顆雞蛋會增加體內膽固醇，卻也有人說每天一顆雞蛋可以延年益壽。有人說多晒正午的日光可以幫助身體製造維他命D，也有人說中午的紫外線太強會增加皮膚病變的機率。有人說每天跑步三十分鐘可以提升心肺功能，但馬上就又有人說這樣一直跑可能對膝關節造成不可逆的損害。

優缺點同時存在，又各有各的道理，你若是沒有定見的人，很容易陷入一種父子騎驢的窘境，不知該相信哪一邊。

早些年我也是如此，儘管自己也是學醫，但面對一些存在爭議的生活話題，一樣會有滿頭問號。譬如一早來杯咖啡，是一天美好的開始，到了下午，我可能會再來一杯提振精神，有時甚至晚上還會再喝一杯。但後來有人說這樣喝太多了，而且容易引發胃食道逆流，而我那時也真的有點胃酸逆流的毛病，就只好踩了煞車。

這些年來我逐步放寬限制，一天一杯，如果胃開始出現不適，我就停下幾天不喝，這樣也能維持一定的平衡。

我發現其實每一個生活裡的習慣，都是一樣的道理。只要你感到舒服，不用管外界太多雜音，就做你自己想做的事就好，身體會告訴你何時該停。

我有個朋友超愛跑步，幾乎只要有路跑他就報名，無役不與。有一次我因為肩痛去看復健科，竟在診所裡巧遇了他，他告訴我最近他的膝蓋開始痛，他怕沒辦法再跑步，趕緊來看醫生。結果醫生告訴他膝關節已經有些磨損，潤滑也不夠，要他改成快走，盡量減少跑步。

他有點沮喪，我安慰他現在發現還不遲，好好保養也不見得就完全不能跑，只是不能像過去那樣每一場都參加，不代表與路跑絕緣。痛，在提醒你已經使用過度了，是你自己虐待了身體，身體必須保護自己。

看了他的狀況，同時也警惕自己，我也經常跑步健身，雖然不像他那麼愛參加路跑，但我一週大概會跑個四天，每次至少五公里，目前雖然還沒有出現異狀，也不能不防範於未然。於是我開始跑跑走走，不再堅持一次跑完全程，反正我又沒要比賽，何必把跑步弄得像體能戰技測驗？

如果放鬆一點，能換來跑得更長久，這交易我覺得非常值得。

適度就是你在身體狀況許可的情形下，放心去享受生活樂趣。

這兩年我的三酸甘油脂跟膽固醇也逐步攀升，我猜測大概是跟喜歡吃海鮮脫不了干係，雖然我飲食一直算清淡，大燕麥片也沒少吃，但數字會說話，我只能調整。還好海鮮雖然美味，但也不是那麼難忌口，我的醫師同學告訴我，高一些也不是十惡不赦的罪，有的人體質就是如此，怎麼忌也未必真的有效。而且近年來也有另一種聲音出現，認為膽固醇已被汙名化，其實糖的攝取才是更重要的議題，我們如果因噎廢食，很多營養素反而會因此失衡。

我不是鼓勵大家完全不去管健康問題的恣意過活，只是很多事情都是過猶不及、不及猶過，不必因為一句話就急踩煞車，重點在適度。而適度是什麼？就是在身體狀況許可沒有抗議的情形下，你就放心去享受生活樂趣，生命自會調節，無須嚇死自己。

這就是新生活中庸之道。

原諒是美德，不原諒是權利

常言道：原諒是美德。你能做到什麼程度的原諒呢？

今年以來已經聽到好幾個罪大惡極的殺人犯因各種荒謬的理由逃過一死，縱然社會大眾普遍對這樣的判決感到不滿，但似乎也無法改變什麼。對於受害者的家屬來說，司法原是他們賴以求得彰顯正義的最後一道防線，但他們顯然是失望的，而且，等於是被迫原諒了對方。因為，不原諒又能怎麼樣？是的，真的不能怎麼樣，因為法律保障了加害者的生存，卻沒有保住自己的親人，我們活在一個號稱法治的國度，卻常被這法治氣到吐血。

然後就會有一群宗教家或社工師出來，勸你要放下，要往前看。但你的眼前就是一片蒼茫大海，你不知往前看要看些什麼？你失去的可能就是一直賴以生存的重大支柱，要怎麼放下？難道放下日子就有辦法回到從前？

原諒像是打在心裡的一個結，打得開打不開，要看這結是死結還是活結；要花多久才能打開，則視這結打得有多緊。

而且這個結，可能還會反覆纏緊，有時以為它鬆了些，卻沒想到一轉身它又打得更緊。人的情緒並不是一個食物消化的過程，可以一點一點地分解到完全消失，它時消時長，注意力轉移時可以暫時淡忘，一想起傷口時又可以腦門充血，像吞了炸藥。

我有個朋友，他們家有好幾幢房子出租，其中有一戶因為鄰居家不慎失火，波及到他家的房子，房客雖然及時逃生了，但房子被燒得黑漆抹烏，光是重新修繕就花了不少錢，更別說租金的損失。

肇事的鄰居很悲慘，有人喪生，房子更是面目全非。但他們雙手一攤，只丟了一句：「不好意思，沒錢賠償。」

我的朋友遭此無妄之災，怎麼可能不生氣？本來想跟對方對簿公堂討回公道，但後來冷靜想想，如果對方根本無力賠償，他就算官司打贏，可能也是白忙一場。但這口氣實在很難嚥下去，表面上好像是自認倒楣，吞下這筆損失，但只要一想起這件事，就又是一肚子怨氣。

我也曾經自以為很客觀的以旁觀者的角度要他放下，要他把事情往好處想，至少他的房客都平安，房子也還可以修繕，他的經濟狀況也還好，並沒有因為這個事故而陷入困頓……。他沉默不語，雖然沒有反駁我，但我知道他沒有接受我的勸告。

我知道他一定認為，事情跟我無關，我當然可以說得雲淡風輕，這就是「旁觀者語言」永遠打不動當事人，除非哪一天旁觀者自己也變成當事人。就像很多人喜歡用感同身受來安慰別人，如果沒有相同的經歷，我並不相信真能完全感受別人的苦楚。

事情過了好幾年，某一次朋友的聚會中有人又哪壺不開提哪壺地說起了這件事。本以為時移事往，他應該可以平靜以對，沒想到他的一把火又被撩撥了起來，對那個鄰居事後態度的不滿大大地發洩了一番。

我才知道，他從來沒有原諒過。

不能原諒，必然是有他過不去的地方，一味地要人家非得放下仇恨，那只是強迫壓抑，不是真的過去。不原

不原諒，也是一種情緒的
出口，就算不須被鼓勵，
也絕對不必被指責。

諒，原來也是一種情緒的出口，就算不須被鼓勵，也絕對不必被指責。

人能生活下去所依靠的理由千百種，不原諒是其中的一種，有的人得靠不原諒的動力，才能努力走在人生的跑道上。

原諒是美德，而不原諒，是權利。

國家圖書館出版品預行編目資料

當忍即忍，當狠則狠，人生不該撐著過 / 林峰丕著 . -- 初版 . -- 臺北市：原水文化出版：英屬蓋曼群島商家庭傳媒股份有限公司城邦分公司發行, 2021.06
面；　公分 . --（悅讀健康 ; 172）

ISBN 978-986-06439-7-8(平裝)
1. 人生哲學 2. 生活指導

191.9　110008714

悅讀健康 172

當忍即忍，當狠則狠，人生不該撐著過

作　　者／林峰丕
選　　書／林小鈴
責任編輯／潘玉女

行銷經理／王維君
業務經理／羅越華
總 編 輯／林小鈴
發 行 人／何飛鵬
出　　版／**原水文化**
台北市民生東路二段 141 號 8 樓
電話：（02）2500-7008　傳真：（02）2502-7676
E-mail：H2O@cite.com.tw　部落格：http://citeh2o.pixnet.net/blog/
發　　行／英屬蓋曼群島商家庭傳媒股份有限公司城邦分公司
台北市中山區民生東路二段 141 號 11 樓
書虫客服服務專線：02-25007718；25007719
24 小時傳真專線：02-25001990；25001991
服務時間：週一至週五上午 09:30 ～ 12:00；下午 13:30 ～ 17:00
讀者服務信箱：service@readingclub.com.tw
劃撥帳號／ 19863813；戶名：書虫股份有限公司
香港發行／城邦（香港）出版集團有限公司
香港灣仔駱克道 193 號東超商業中心 1 樓
電話：(852)2508-6231　傳真：(852)2578-9337
電郵：hkcite@biznetvigator.com
馬新發行／城邦（馬新）出版集團
41, Jalan Radin Anum, Bandar Baru Sri Petaling,
57000 Kuala Lumpur, Malaysia.
電話：(603) 90578822　傳真：(603) 90576622
電郵：cite@cite.com.my

美術設計／劉麗雪
內頁排版／陳喬尹
製版印刷／卡樂彩色製版印刷有限公司
初　　版／ 2021 年 6 月 22 日
初版 2.2 刷／ 2021 年 10 月 22 日
定　　價／ 300 元

城邦讀書花園
www.cite.com.tw

ISBN 978-986-06439-7-8